Couvertures supérieure et inférieure
en couleur

ARSÈNE HOUSSAYE

LES MILLE ET UNE NUITS PARISIENNES

II

LA CONFESSION DE CAROLINE

PARIS
E. DENTU, ÉDITEUR
17 ET 19, GALERIE D'ORLÉANS, PALAIS-ROYAL

LES MILLE ET UNE NUITS PARISIENNES

TOME I. — Le marquis de Satanas. — La descente aux enfers parisiens. — Un ange sur la terre. — M. Paul et Mlle Virginie. — Le péché de Jeanne d'Armaillac.

TOME II. — La confession de Caroline. — Le coup d'éventail. — Les noctambules. — Ces demoiselles et ces dames. — Sœur Agnès. — Les aventures de Jeanne d'Armaillac.

TOME III. — La princesse au grain de beauté. — Madame Don Juan. — Lady Lovelace. — L'enlèvement de Déjanire. — Les éclats de rire de Jeanne d'Armaillac.

TOME IV. — La dame aux diamants. — Morte de peur. — Les sacrifices. — Paradoxes nocturnes sur les femmes. — Le dernier amour de Jeanne d'Armaillac. — Le jugement dernier.

4 volumes in 8. — Vingt gravures de Henry de Montaut. — 20 francs.

Édition sur papier de Hollande, 100 exemplaires numérotés, 40 fr.

LES GRANDES DAMES

Magnifique édition illustrée de vingt gravures et eaux-fortes par *La Guillermie, Morin, Léopold Flameng, Masson,* etc.

1 VOLUME GRAND IN-8º, VÉLIN ROYAL, 15 FR.

100 exemplaires sur papier teinté, gravures avant la lettre, 25 fr.
papier de Hollande, 40 fr.; papier de Chine, 50 fr.
(Les 12 éditions en 4 volumes sont épuisées et hors de prix.)

LES COURTISANES DU MONDE

4 vol. in-8º cavalier, illustrés de portraits et gravures par *La Guillermie, Bertall, Nargeot, Cucinotta, Carlo Gripp.*

PRIX, 20 FR.

GALERIE DU DIX-HUITIÈME SIÈCLE

La Régence. — Louis XV. — Louis XVI. — La Révolution.
10e édition. 4 vol. à 3 fr. 50.

ROMANS NOUVEAUX

La Femme fusillée, 2 vol., 10 fr. — *Le Roman des Femmes qui ont aimé,* 1 vol., 3 fr. 50. — *Tragique Aventure de Bal masqué,* 1 vol., 3 fr. 50. — *Histoire d'une Fille perdue,* 1 vol., 3 fr. 50. — *Mlle Trente-six vertus,* 1 vol. 3 fr. 50. — *Le Violon de Franjolé,* 1 vol. 3 fr. 50. — *Voyages romanesques,* 1 vol. 3 fr. 50. — *Les Cent et un Sonnets,* 1 vol. 3 fr. 50.

DE L'IMPRIMERIE EUGÈNE HEUTTE ET Cie, A SAINT-GERMAIN.

LES MILLE ET UNE

NUITS PARISIENNES

II

DENTU, ÉDITEUR, PALAIS-ROYAL

LES
MILLE ET UNE NUITS PARISIENNES
Par l'Auteur des *Grandes Dames*

TOME I

LE MARQUIS DE SATANAS.
LA DESCENTE AUX ENFERS PARISIENS.
UN ANGE SUR LA TERRE.
DON JUAN VAINCU.
M. PAUL ET Mlle VIRGINIE.
LE PÉCHÉ DE JEANNE D'ARMAILLAC.

TOME II

LA CONFESSION DE CAROLINE.
LE COUP D'ÉVENTAIL.
LES NOCTAMBULES.
SŒUR AGNÈS.
CES DEMOISELLES ET CES DAMES.
LES AVENTURES DE JEANNE D'ARMAILLAC.

TOME III

LA PRINCESSE AU GRAIN DE BEAUTÉ.
MADAME DON JUAN.
LADY LOVELACE.
L'ENLÈVEMENT DE DÉJANIRE.
LES ÉCLATS DE RIRE DE JEANNE D'ARMAILLAC.

TOME IV

LA DAME AUX DIAMANTS.
MORTE DE PEUR.
LES SACRIFIÉES.
PARADOXES NOCTURNES SUR LES FEMMES.
LE DERNIER AMOUR DE JEANNE D'ARMAILLAC
LE JUGEMENT DERNIER

Prix du volume, 5 fr. Envoi franco, 5 fr. 50.

DE L'IMPRIMERIE EUGÈNE HEUTTE ET Cie, A SAINT-GERMAIN.

LA CONFESSION DE CAROLINE.

ARSÈNE HOUSSAYE

LES MILLE ET UNE
NUITS PARISIENNES

II

LA CONFESSION DE CAROLINE
LE COUP D'ÉVENTAIL
LES NOCTAMBULES
SŒUR AGNÈS
CES DEMOISELLES ET CES DAMES
LES AVENTURES DE JEANNE D'ARMAILLAC

PARIS
E. DENTU, ÉDITEUR
17 ET 19, GALERIE D'ORLÉANS, PALAIS-ROYAL

1875
Tous droits réservés.

LES
MILLE ET UNE NUITS
PARISIENNES

LIVRE VII
LA RÉSURRECTION

I.

LE RÉVEIL D'UNE MÈRE.

Vers dix heures du matin, Mme d'Armaillac qui venait de se réveiller appela sa femme de chambre.

Cette fille, selon sa coutume, apporta sur un plateau les journaux du matin et une tasse de chocolat.

— Dites-moi, Emma, est-ce que vous avez vu Jeanne ce matin?

— Non, madame.

— Allez lui dire que nous sortirons avant le déjeuner.

— Je ne sais pas si mademoiselle est sortie, il me semble qu'elle est allée à la messe de-huit heures.

Et Mlle Emma murmura entre ses dents :
— Il faut bien faire son salut !
— Allez tout de suite voir si ma fille est dans sa chambre.

Il y a des gens qui ont le pressentiment des catastrophes. Mme d'Armaillac ne possédait pas la seconde vue ; elle vivait au jour le jour dans l'insouciance du lendemain. Aussi la comtesse ne demandait sa fille que pour lui parler de sa robe de mariée.

Mlle Emma revint en disant que Mlle d'Armaillac n'était pas dans sa chambre. Elle ne s'était pas d'ailleurs donné la peine d'aller jusque-là, car elle savait bien que Jeanne n'était pas rentrée.

Mme d'Armaillac, se parlant à elle-même, dit que tout bien considéré, il était temps de marier cette belle matineuse.

Le timbre résonna.

— C'est elle, dit tout haut Mme d'Armaillac, allez vite lui ouvrir et envoyez-la-moi.

Ce ne fut pas Jeanne qui entra, ce fut encore la femme de chambre.

— Madame, c'est un monsieur qui m'a donné sa carte, voyez.

Mme d'Armaillac prit la carte et lut : « *M. le comte de Briançon.* »

— Que peut-il me vouloir à cette heure?

Elle connaissait vaguement Martial pour l'avoir rencontré chez la duchesse et chez Mme de Tramont; elle savait que sa fille le trouvait fort de son goût, mais elle n'avait nulle idée que ce fût pour lui parler de sa fille qu'il vint de si bonne heure.

Comme elle était curieuse, elle passa en toute hâte sa robe de chambre en disant de faire entrer M. de Briançon dans le petit salon.

Elle y entra presque en même temps que lui.

— Comment, vous vous levez si matin? lui dit-elle avec un sourire de belle humeur, comme s'il dût lui apporter une bonne nouvelle.

Mais elle réprima son sourire en voyant que le comte était pâle et triste.

Depuis une heure, M. de Briançon, armé de son plus grand courage, se demandait comment il pourrait dire à Mme d'Armaillac ce qui était advenu à sa fille. Il fallait pourtant bien lui dire la vérité, sinon toute la vérité.

— Madame, murmura-t-il en lui tendant la

main, j'ai une mauvaise nouvelle à vous apprendre.

Cette fois, Mᵐᵉ d'Armaillac comprit qu'il était question de sa fille.

— Jeanne! s'écria-t-elle.

Elle pâlit et tomba à la renverse dans les bras de M. de Briançon.

— Madame, reprit-il en l'asseyant dans un fauteuil, voilà ce qui s'est passé : Vous vouliez marier Mˡˡᵉ Jeanne d'Armaillac à M. Delamare. Elle ne l'aimait pas; elle s'est imaginé qu'elle m'aimait; quoique je n'eusse rien fait pour lui donner des illusions, elle m'a confié ses chagrins; nous sommes devenus de vrais amis.

— Mais, monsieur, où est ma fille?

— Je vais vous le dire, madame.

— Vous l'avez donc vue ce matin?

— Oui, madame.

— Mais comment venez-vous me parler d'elle quand elle n'est pas ici?

— C'est que je venais vous prier de venir avec moi.

— Mais encore une fois, monsieur, où est Jeanne?

— Madame, elle est chez moi.

— Chez vous !

Mme d'Armaillac se leva d'un bond. On l'eût prise dans sa pâleur, les cheveux épars, les yeux égarés, pour une ombre vengeresse.

— Ma fille est donc folle ! Chez vous ? C'est un guet-apens.

— Madame, de grâce, écoutez-moi, je vais vous dire...

— Non, monsieur, je ne veux pas vous entendre.

Mme d'Armaillac sonna.

— Emma, habillez-moi bien vite.

Elle retourna, rapide comme une ombre, dans sa chambre à coucher.

— Madame, je vais vous attendre, lui cria M. de Briançon.

Elle ne répondit point.

Quoique le petit salon fût un tout petit salon, il se promena à grands pas autour d'une table de Boule, sur laquelle étaient éparses des cartes de visite.

— Après tout, murmura-t-il dans son agitation, quand elle verra sa fille, elle devinera ce qui s'est passé.

Il s'avança vers la porte de la chambre à coucher pour dire à Mme d'Armaillac qu'il retournait chez lui de son côté pour l'attendre. Et il ajouta : — Rue du Cirque, n° 10.

Dès qu'il fut sous la porte cochère, il reconnut que Mme d'Armaillac avait bien fait de ne pas descendre avec lui pour qu'il l'emmenât dans son coupé, car la place était prise.

Mlle Marguerite Aumont l'y attendait. Elle l'avait suivi en fiacre depuis la rue du Cirque, où elle s'était hasardée à son réveil, tout à la fois désolée et curieuse. Elle adorait Martial et elle avait peur que cette aventure ne les séparât.

Quand il était monté chez la comtesse, Marguerite était descendue de son fiacre, elle avait payé la course et s'était nichée dans le coupé, qu'elle croyait bien plus à elle qu'à son amant.

— Enfin ! te voilà, dit-elle quand il s'approcha de la portière.

— Oui, me voilà, mais je ne sais pas ce que tu fais là, toi ?

— Moi, je suis chez moi.

— Eh bien, si tu es chez toi, restes-y.

Marguerite lança sa main par la portière pour saisir celle de Martial.

— Non, non, ce que je veux, ce n'est pas le coupé, c'est toi.

Et elle retint violemment M. de Briançon.

— Voyons, ma chère Marguerite, puisque tu as du cœur, tu dois comprendre qu'il y a des jours de divorce forcé.

— Je comprends que l'amour c'est l'amour. Je comprends que je t'aime et que je ne divorce pas; d'ailleurs, on ne divorce que dans le mariage.

— Adieu! dit Martial en dégageant sa main.

Mais, comme il regardait Marguerite, il vit de vraies larmes dans ses yeux.

— Tu es folle, reprit-il en se penchant dans le coupé, tu sais bien que je t'aime, mais donne-moi un quart d'heure de grâce. Ce n'est pas moi qui ai voulu ce terrible drame, c'est comme un orage qui s'est abattu sur moi. J'y perds la tête. Laisse-moi à moi-même, ne fût-ce qu'un jour.

En ce moment, Mme d'Armaillac, qui n'avait pas perdu une seconde, dépassait la porte cochère avec sa femme de chambre.

Elle s'imagina, voyant Martial causer à la portière de son coupé, que c'était avec sa fille.

— Jeanne ! dit-elle tout haut.

M. de Briançon se détourna. Il s'inclina devant la comtesse qui s'était déjà jetée à la portière.

Marguerite comprit la méprise. Elle fit un signe de tête comme pour dire à la mère : « Je ne suis pas votre fille. »

— Que fait là cette femme ? demanda Mme d'Armaillac à M. de Briançon.

Elle avait senti que Marguerite était la rivale de sa fille.

Martial ne savait que répondre.

— Je ne sais pas, dit-il ; j'avais pris pour venir vous chercher la première voiture venue ; il paraît que c'était la voiture de cette dame.

En disant ces mots, il fit signe à une citadine qui passait, comme s'il voulût la prendre pour lui, mais Mme d'Armaillac, impatientée, alla au-devant de la citadine et y monta en y faisant monter sa femme de chambre.

Martial ouvrit la porte de son coupé.

— Tu vois ce que tu as fait ! dit-il à Marguerite. C'est la mère de cette pauvre fille qui est chez moi. Que va-t-elle penser de tout cela ? car elle a bien vu que tu étais ma maîtresse.

— Lui avais-tu promis d'épouser sa fille ? La fille s'est donné un coup de poignard, est-ce ma faute? C'est elle qui est venue pour t'arracher à moi. N'est-ce pas moi qui étais la maîtresse légitime ?

— Avec toutes tes raisons, tu vas m'empêcher d'arriver à temps chez moi.

— C'est mon chemin. Dis à ton cocher d'aller rue du Cirque, je descendrai rue du Faubourg-Saint-Honoré.

Martial ordonna au cocher de ne pas dépasser cinq minutes pour le mettre chez lui.

Quand il fut assis à côté de Marguerite, cette fille, sentant qu'elle avait reconquis les trois quarts de son amant, lui dit avec une vraie émotion :

— La pauvre fille ! Est-ce qu'elle est morte?

II.

LA RÉSURRECTION.

CEPENDANT Mme d'Armaillac montait l'escalier du comte de Briançon, tout éperdue en sa douleur, ne sachant comment elle allait trouver sa fille.

Jeanne était-elle devenue la maîtresse de Martial, ou bien n'était-elle allée chez lui que dans un de ces quarts d'heure d'aveuglement et de curiosité qui précèdent l'heure de la chute?

La comtesse se disait qu'il était impossible que sa fille se fût jetée tête perdue dans les bras de M. de Briançon. Elle l'aimait, sans doute, mais, quel que soit l'amour, une fille comme elle ne sacrifie pas en une matinée toutes les pudeurs de la femme.

Mme d'Armaillac ignorait encore que Jeanne eût passé la nuit chez Martial. Elle n'avait pas songé à passer par la chambre de sa fille pour interroger le lit, qu'elle eût d'ailleurs trouvé défait comme tous les matins, par une supercherie de Mlle d'Armaillac.

Quand la comtesse arriva chez le comte de Briançon, elle était donc bien loin de se douter qu'elle dût trouver sa fille empoisonnée et frappée d'un coup de poignard.

— Je marche comme dans un rêve, disait-elle à chaque pas.

Martial reçut la comtesse dans l'antichambre et la précéda silencieusement jusqu'à la porte de sa chambre à coucher. Là il se retourna et lui dit : — Du courage, madame.

La comtesse était déjà dans la chambre, ressentant plus d'indignation que d'effroi ; mais quand elle vit la blancheur de Jeanne, elle comprit enfin qu'un drame terrible avait dû se passer là.

Elle ne dit pas un mot, elle se précipita vers le lit et tomba à moitié morte sur sa fille en sanglotant.

— Maman, dit Mlle d'Armaillac en lui prenant la tête dans ses deux mains, maman, pardonne-moi.

Et, d'une voix plus éteinte, elle ajouta :

— Par horreur du mariage, j'ai perdu la tête et j'ai voulu mourir.

— Que s'est-il donc passé? demanda Mme d'Armaillac plus affolée encore.

Jeanne n'avait ni le courage ni la force de répondre.

— Madame, dit Martial en maîtrisant son émotion, j'ai voulu vous dire chez vous ce que je vais vous dire ici.

— Parlez donc ! monsieur.

— Mlle d'Armaillac a eu peur d'épouser M. Delamare. Elle voulait vous obéir, mais ce mariage révoltait son cœur. Elle croyait m'aimer ; elle s'est risquée à venir jusque chez moi. Comme toutes les jeunes filles, elle est romanesque ; elle a voulu se punir de m'aimer et me punir de ne l'avoir pas aimée ; du moins elle croyait que je ne l'aimais pas. En mon absence, elle est entrée ici, elle s'est couchée, elle a pris du poison et elle s'est donné un coup de poignard. Je vous le dis, madame, c'est un roman.

Martial voulait continuer, mais la comtesse

n'écoutait pas, elle avait soulevé sa fille dans ses bras, elle avait découvert son sein et elle regardait d'un œil égaré la blessure toute noire.

— Jeanne! Jeanne! ma Jeanne adorée, dis-moi que tu ne vas pas mourir?

— Non, maman, je ne mourrai pas, puisque M. de Briançon m'a sauvée malgré moi.

La mère jeta un regard, moitié farouche, moitié adouci sur Martial.

— Quand je suis rentré, continua-t-il, jugez de ma surprise en trouvant Mlle d'Armaillac évanouie sur mon lit, blessée au sein, pâle comme une morte. Elle était morte, en effet. Il était temps que j'arrivasse pour la rappeler à la vie. Je la crus si bien morte que je voulus mourir moi-même. J'allais me donner un coup de poignard, quand on sonna. C'était le médecin que mon petit nègre avait été avertir. Le docteur, à première vue, déclara que Mlle d'Armaillac n'avait pu mourir de ce coup de poignard, mais il reconnut bientôt qu'elle était empoisonnée. Comment agir par le contre-poison? « Elle n'est pas morte, me dit le médecin qui avait senti son cœur battre, mais qui sait s'il lui reviendra assez de force pour que nous puissions agir par le contre-poison. » J'avais ouvert la fenêtre ; le docteur promenait son flacon sur les lèvres de Mlle d'Armaillac. Ses yeux qui étaient restés ouverts ne voyaient plus, mais tout d'un coup elle soupira et murmura : « Maman ! » J'aurais voulu pour tout au monde que vous fussiez là. Je parlai de vous envoyer chercher, mais le docteur ne voulait pas d'émotion. Que vous dirai-je? Mlle d'Armaillac est revenue à elle. Je l'ai suppliée à genoux de vivre, en lui donnant ce christ à baiser. Elle a consenti à prendre le contre-poison.

La comtesse qui regardait le christ, le baisa avec transport en disant :

— O mon Dieu ! O ma fille !

Mme d'Armaillac reprit Jeanne dans ses bras.

— Pauvre folle ! dit-elle en contemplant sa fille avec la joie de l'avoir retrouvée et avec la tristesse de la voir chez M. de Briançon. — Que va-t-on dire de toi ?

— Madame, dit M. de Briançon en prenant tout à la fois la main de la mère et de la fille, j'ai l'honneur de vous demander la main de Mlle Jeanne d'Armaillac.

La jeune fille obéit à sa fierté native.

— Non, dit-elle en dégageant sa main, vous m'accuseriez d'avoir préparé la comédie du mariage.

— Alors, dit la mère, pourquoi es-tu venue ici?

— C'était pour ne pas épouser M. Delamare. Je voulais mourir. Maintenant, puisqu'on me force de vivre, je vivrai pour Dieu. Je vais retourner à la maison, et dès que j'aurai repris mes forces, j'entrerai au couvent des Carmélites, où m'attend mon amie Blanche.

— Voyons, tu es plus folle que jamais, dit Mme d'Armaillac avec un mouvement d'impatience, je n'ai que toi au monde et tu veux que je te perde.

— C'est la fatalité, dit la jeune fille. Maman, je t'en supplie, habille-moi et fais-moi porter en voiture pour retourner chez toi.

— Mademoiselle, dit Martial, vous savez bien que c'est impossible. J'ai demandé au médecin quand vous pourriez être transportée, il a ordonné deux jours de repos absolu. Voilà pourquoi, au lieu de vous conduire chez la comtesse, j'y suis allé seul.

— Oui, mais je sens que j'aurai la force d'accompagner ma mère.

Jeanne essaya de se soulever, mais elle retomba et perdit connaissance, brisée autant par l'émotion que par le poison et le coup de poignard.

— O mon Dieu ! mon Dieu ! dit Mme d'Armaillac en embrassant tour à tour Jeanne et le crucifix. Je vois bien que j'ai perdu ma fille. O mon Dieu ! mon Dieu ! ne prenez pas ma fille.

M. de Briançon, qui n'était pas tendre, sentit deux larmes couler sur ses joues. Il était profondément touché du renoncement de Mlle d'Armaillac ; il comprenait bien que, dans sa fierté farouche, elle ne voulût plus épouser un homme qui l'avait trahie, comme une maîtresse qu'on trahit.

Maintenant qu'elle ne voulait plus de lui, même comme mari, après l'avoir adoré comme amant, il sentait qu'il allait l'aimer de toutes les forces de son âme, — si elle vivait, — car le médecin ne répondait pas encore d'elle, surtout si elle se laissait reprendre aux émotions violentes.

— Monsieur, dit la mère, vous me jurez que pas âme qui vive ne saura que Mlle d'Armaillac est ici.

— Je vous le jure, madame, car je n'ai pas dit son nom ni à mes gens ni au médecin.

— Eh bien ! monsieur, faites-moi la grâce de me laisser seule ici avec ma fille, jusqu'au moment où je pourrai l'emporter sans qu'il y ait danger.

Mˡˡᵉ d'Armaillac revenait à elle, Martial s'agenouilla devant le lit et lui baisa respectueusement la main, après quoi il salua la comtesse et sortit de la chambre pour lui obéir.

Il ne savait où aller; il descendit les Champs-Elysées comme pour prendre conseil du hasard. Il rencontra un de ses amis qui l'entraîna au club où il joua un jeu désordonné.

— Tu es bien heureux, lui dit-on au bout d'une demi-heure, tu gagnes tout ce que tu veux.

— Est-ce que je gagne? dit-il, en posant du regard un point d'interrogation.

Il semblait revenir de l'autre monde.

A l'heure du dîner il retourna chez lui et demanda à parler à la comtesse, mais la comtesse lui fit dire qu'elle le suppliait de ne pas voir Jeanne ce jour-là.

Il obéit encore. Il alla dîner au café Anglais. A peine était-il à table que Marguerite Aumont vint s'asseoir à côté de lui.

— Eh bien, lui dit-elle, comment va-t-on chez toi ?

— Je ne suis plus chez moi, répondit-il.

Il raconta à Marguerite qu'il avait laissé le champ libre à la mère de celle qui avait voulu mourir.

— Tant mieux, dit Marguerite, tu viendras chez moi, d'autant plus que je ne veux plus jamais revoir ce lit funéraire.

Martial fit promettre à sa maîtresse, qui le lui avait déjà promis le matin, de ne pas dire un mot de toute cette tragique aventure.

— Je ne dirai pas un mot, mais comment s'appelle cette folle ?

Le comte de Briançon dit que c'était une étrangère, une Américaine, Mlle Meredith.

— Sois tranquille, voilà un nom que je ne pourrai jamais prononcer.

Marguerite Aumont dîna avec son amant. Elle eut le tort de reparler sans cesse de la folie de l'Américaine. Martial, qui voyait toujours Jeanne dans sa pâleur de morte, qui jugeait de son amour par son désespoir, finit par imposer silence avec colère.

Marguerite se rebroussa et se mit à « blaguer » du haut de sa gaieté la vertu de ces demoiselles du monde qui s'en vont à minuit chercher des certificats chez leurs amants. Martial se fâcha tout à fait, il se leva, jeta la serviette sur la table et dit un bonsoir qui ressemblait fort à un adieu.

— Eh bien, lui cria Marguerite, va-t'en la retrouver sur ce beau lit nuptial.

Dès que le comte de Briançon fut sur le boulevard, il se demanda s'il n'avait pas tort de briser avec Marguerite quand Jeanne avait brisé avec lui.

Cet homme, qui avait deux maîtresses qu'il adorait, il se sentait tout d'un coup seul.

— Comme il fait froid ! dit-il, en s'enveloppant dans son pardessus.

Ce fut ce soir-là que le marquis de Satanas nous présenta l'un à l'autre.

— Voilà un homme heureux, me dit le diable en s'inclinant devant Martial, il est adoré de toutes les femmes, on lui connaît toujours deux maîtresses à la fois.

— Oui, dit Martial, deux maîtresses, mais il m'en faudrait une troisième ce soir.

— Vous avez raison, lui dis-je, celui qui a deux

maîtresses n'en a pas une seule; ce qui fait la force de l'amour c'est l'unité, il faut avoir sept cents femmes comme Salomon, ou en avoir une seule.

Le comte de Briançon n'écoutait pas, il était tout à Mlle d'Armaillac. Il avait peur de trop l'aimer, il avait peur de ne plus être aimé.

— Ce poignard, disait-il en portant la main à son cœur, c'est moi qui en ai reçu le coup, — et la blessure sera mortelle — si Jeanne ne m'aime plus.

III.

LES DEUX MAITRESSES.

Le comte de Briançon passait deux fois par jour chez lui pour avoir des nouvelles de Mlle d'Armaillac, mais il couchait au Grand-Hôtel, laissant toute liberté à la mère et à la fille.

Le second jour il avait écrit ce simple billet à Jeanne :

« Dans mon profond amour pour vous, je ne
« sais plus qu'obéir. Soyez chez vous chez moi,
« ordonnez et j'obéirai. Je demande à Dieu votre
« résurrection. Quand vous irez bien, faites un
« signe, je serai à vos pieds pour toujours, —
« ou pour vous dire adieu. »

Quatre mortelles journées se passèrent. Pas un mot de Jeanne ni de sa mère. Quand Martial se présentait dans l'antichambre, on lui répondait presque toujours la même chose : « Mademoiselle est bien malade; le médecin n'a pas cessé d'être inquiet, la mère pleure toutes ses larmes. »

Seul le petit nègre disait que ça irait bien, mais ce n'était pas lui que le comte de Briançon écoutait.

Il alla chez le médecin pour l'interroger sérieusement.

Le médecin lui répondit qu'il avait eu raison du coup de poignard, mais que le poison continuait ses terribles ravages. La pauvre enfant n'avait plus ni corps ni âme.

Ce fut seulement le dixième jour que le comte de Briançon reçut ces mots, écrits par la mère de Jeanne :

« Monsieur,

« Venez voir ma fille qui veut vous parler.
« Écoutez-la, mais ne lui parlez pas vous-même,
« parce que la moindre émotion la tuerait.

« Comtesse d'Armaillac. »

Martial dînait à la table d'hôte du Grand-Hôtel, — un peu par désœuvrement, — quand ce billet le vint surprendre. Il jeta sa serviette, prit son chapeau et alla en toute hâte rue du Cirque avec un peu de joie au cœur.

Dès qu'il entra dans la chambre à coucher, Jeanne sourit amèrement et souleva la main comme pour la lui tendre, mais la main retomba avant qu'il ne l'eût prise.

— Enfin, je vous retrouve! lui dit-il tout en saluant Mme d'Armaillac.

Jeanne fit signe à sa mère de s'éloigner. Mme d'Armaillac obéit en silence.

— Pauvre femme! murmura Martial, elle a presque autant souffert que sa fille.

— Ne parlons pas de mes souffrances, dit Jeanne ; qu'est-ce que ces douleurs-là si je pense aux douleurs de mon âme ?

Et après un silence :

— Enfin, Dieu n'a pas voulu de moi. Il y en a qui sont condamnés à mort, moi, je suis condamnée à vivre...

Martial interrompit Mlle d'Armaillac.

— Jeanne, donnez-moi ma part du supplice.

— Plus que vous ne voudrez, Martial. Vous

voulez railler en prononçant ce mot supplice, mais prenez garde, car je suis sérieuse, moi. Vous m'avez offert de m'épouser, j'accepte. Tant pis pour vous, il fallait me renvoyer à ma mère quand je pouvais retourner à elle le front haut et l'âme fière. Vous aviez une maîtresse, vous ne m'avez prise que comme une autre maîtresse. Quelle était la meilleure des deux? Je n'en sais rien...

— Ne parlons jamais de l'autre.

— Je n'en parlerai jamais! J'ai dit d'abord que je ne voulais pas de votre nom parce que vous aviez fait tout le mal. D'ailleurs, je ne pensais qu'à mourir, que m'importait un mariage *in extremis* qui n'eût fait que souligner ma faute? Mais aujourd'hui je reprends votre parole. Je serai votre femme.

Martial baisa avec effusion la main de Jeanne.

— Si c'est un sacrifice, je l'accepte avec religion, si c'est encore de l'amour, je l'accepte avec amour. Jeanne, je vivrai pour vous, rien que pour vous.

Jeanne sonna. Mme d'Armaillac reparut à la porte.

— Maman, lui dit sa fille, tout est arrangé.

Dès que je pourrai aller à l'église, M. de Briançon m'épousera. N'est-ce pas, Martial?

Martial dit oui à la fille et à la mère.

— Écoutez, Martial, reprit Jeanne en lui parlant à mi-voix, le médecin nous a permis de rentrer chez nous aujourd'hui, vous viendrez nous voir tous les jours, mais promettez-moi de ne plus revenir ici, c'est une maison maudite. Vous vendrez les meubles et vous prendrez un autre appartement.

— Vous avez raison, Jeanne, aussi ne reverrez-vous rien de ce qui est ici, si ce n'est le portrait de ma mère.

Mme d'Armaillac s'était approchée.

— Et maintenant, dit-elle à M. de Briançon, embrassez Jeanne et allez-vous-en.

Martial s'en alla, le cœur content, mais l'esprit inquiet : le cœur content parce que Jeanne lui avait pardonné et lui avait souri par toute la magie de ses yeux et de ses lèvres; l'esprit inquiet, parce que la question d'argent allait se poser devant la question d'amour ; non pas qu'il songeât à lui pour l'avenir, mais il ne voulait pas condamner Mlle d'Armaillac à une vie bourgeoise. Il lui paraissait indigne de lui de ne pas donner à sa femme toutes les joies du luxe ; or comment allait-il s'y prendre? Avec une demi-fortune comme la sienne, c'était la ruine à courte échéance.

— *Alea jacta est*, s'écria-t-il en reprenant son insouciance, s'il y a un Dieu pour les ivrognes, il y a aussi un Dieu pour les amoureux.

Quand il rentra au Grand-Hôtel, deux heures après, on lui remit une lettre aux armes, je veux dire aux parfums de Mlle Marguerite Aumont.

— Ah diable! dit-il, je ne songeais plus à celle-là.

Il y songeait encore. Mlle d'Armaillac avait pris son cœur sans en chasser Marguerite. C'était comme une place forte au moment de l'assaut, où amis et ennemis se combattent pied à pied. Ce sybarite s'était trop complu aux caresses de la courtisane pour n'en point garder un doux et vif souvenir. Il se rappelait avec un charme pénétrant toutes les scènes de cette comédie romanesque qui avait duré six mois : les promenades à la mer, les voyages à Monaco, les avant-scènes des petits théâtres, les soupers bruyants, les tête-à-tête voluptueux, toutes les folies de la folle jeunesse.

— Je ne veux pas lire cette lettre, dit Martial comme s'il craignait de se laisser reprendre à cet amour condamné.

Mais il n'eut pas le courage de déchirer la lettre et de la jeter au vent.

En rentrant dans sa chambre, à l'hôtel, il la posa sur la cheminée. Mais au moment de se coucher, après avoir écrit une page profondément amoureuse à Jeanne, il ne put s'empêcher de reprendre la lettre de Marguerite, de la décacheter et de la lire.

Voilà ce que lui disait son amoureuse maîtresse:

« Mon cher Martial,

« J'ai voulu braver mon cœur, mais je m'a-
« voue vaincue. J'ai passé devant toi, rieuse et
« insolente, mais aujourd'hui je n'y tiens plus,
« et je t'avoue que je meurs de chagrin. On s'i-
« magine que rien n'est plus simple que d'aller
« d'un amour à un autre; mais pour cela il ne
« faudrait pas avoir de cœur.

« Je croyais que le cœur était un mot, mais
« c'est quelqu'un. Mon cœur, c'est tout moi. Si

« tu m'aimes encore, viens bien vite; si tu ne
« m'aimes plus, viens encore. Je te jure que je
« ne peux pas vivre sans toi. Si tu en aimes une
« autre, donne-moi une heure tous les jours
« pour me faire illusion. Je suis mortellement
« désespérée.

« Je t'embrasse. Je ne parle pas de mes lar-
« mes parce que c'est bête; d'ailleurs, tu te
« moquerais de moi.

« MARGUERITE. »

Le comte de Briançon aurait bien voulu faire l'esprit fort en lisant cette lettre, mais il avait trop aimé Marguerite, peut-être l'aimait-il trop encore.

Il relut la lettre qu'il venait d'écrire à Mlle d'Armaillac, après quoi il relut la lettre de Marguerite.

— C'est bien, dit-il; me voilà enfoncé jusqu'au cou dans ces deux passions.

Il demanda conseil à sa raison et à son cœur; sa raison lui conseilla de ne plus voir Marguerite, mais son cœur l'emporta.

Il était minuit et demi. Il descendit sur le boulevard sans bien savoir encore ce qu'il allait faire.

Il prit une voiture qui le conduisit rue de Malesherbes, où il remit la lettre de Jeanne, mais la même voiture le conduisit chez Marguerite.

— Après tout, pensait-il, je puis bien la voir une fois encore pour lui dire adieu.

Mais...

Marguerite Aumont se jeta dans les bras de Martial en fondant en larmes. Il fallait bien la consoler.

Et...

Le lendemain à midi elle n'était pas encore consolée.

IV.

DE LA PLURALITÉ DES FEMMES.

Le comte de Briançon oublia toute raison et toute dignité. On pourrait supposer que la question d'argent le dominait encore et l'éloignait de ce mariage promis et sacré. Il n'en était rien. Il avait fait le sacrifice de la fortune, décidé à vivre comme il plairait à Dieu. S'il était retombé dans les bras de Marguerite, ce n'était pas pour fuir Jeanne : il obéissait à la fatalité, comme tous ceux qui brisent leur volonté au premier choc?

— N'est-ce pas, lui dit Marguerite quand il la quitta, que c'est à la vie à la mort entre nous?

— Ne parlons pas de la mort.

— J'en veux parler, moi. Crois-tu donc que je n'aurais pas le courage de me donner aussi un coup de poignard ? Et moi je ne me manquerais pas.

M. de Briançon savait que ces folies-là sont contagieuses, aussi voulut-il changer de conversation.

— Mon petit chat, tu es née pour vivre et pour être belle...

— Et pour t'aimer. Et pour que tu m'aimes. Je te condamne à dîner avec moi puisque tu refuses de déjeuner.

— Oui, je dînerai avec toi.

Martial promettait des lèvres, sans savoir ce qui allait se passer.

En rentrant au Grand-Hôtel, il trouva une lettre de Jeanne.

La pauvre folle s'était reprise à toutes ses illusions. Elle lui contait ses rêves de bonheur, tout un horizon d'or et d'azur ; l'arc-en-ciel après l'orage.

Elle finissait sa lettre par ces mots :

« Ma mère vous aime comme son fils. Venez
« dîner avec elle. Je vous regarderai et je se-

« rai heureuse. Ce sera mon dîner, car ma
« gourmandise ne va encore que jusqu'au lait
« glacé. »

— Je dinerai avec Jeanne, dit Martial emporté par son cœur.

Mais, à l'heure du dîner, il aurait voulu se couper en deux.

Ceux qui n'ont pas aimé deux femmes ne comprendront pas Martial, mais de toutes les passions, celle de l'amour est la plus fantasque ; ce qui fait la force et la faiblesse du cœur, c'est qu'il n'a jamais passé par la logique d'Aristote.

M. de Briançon aimait Marguerite Aumont, et se sentait sous le charme de Jeanne d'Armaillac.

Ce n'est pas ma faute, ni la sienne, c'est la faute de son cœur.

Une comédienne, très-connue par l'esprit de son jeu et le jeu de son esprit, disait sans faire de façon :

— J'ai eu bien peu d'amants dans ma vie, mais j'en ai toujours eu deux à la fois.

— Pourquoi? lui demandait-on.

— Parce que l'un me faisait aimer l'autre.

Quand j'étais avec celui-ci, je me promettais toutes sortes de joies avec celui-là.

Et elle ajoutait :

— Il faut dans l'amour du réel et de l'idéal ; le réel c'est l'homme qui est à vos pieds, l'idéal c'est l'absent.

Mais tout le monde n'a pas cette philosophie de se servir ainsi à point du réel et de l'idéal. Combien qui prennent l'idéal pour le réel ! Combien qui prennent pour leurs lèvres ce qui était destiné à leur âme !

Martial ne voulait pas brouiller les philosophes, Platon avec Aristote, Descartes avec Spinosa. Il aimait Jeanne comme Marguerite d'un amour qui renfermait tous les amours, mais tout à la fois réel et idéal.

Le cœur humain est l'abîme des abîmes ; c'est vainement qu'on y descendra avec Werther et don Juan, Alceste et Des Grieux, ou plutôt avec Larochefoucauld et la Bruyère qui en remontreraient aux sept sages de la Grèce. Tout homme a son caractère et sa passion. Ce qu'il y a de plus merveilleux dans cette créature que Dieu a faite d'un peu d'argile et d'un rayon brisé, c'est qu'il lui a donné la diversité à l'infini. Une âme ne ressemble pas plus à une autre âme qu'un corps à un autre corps. Vu à distance, tout est pareil. Buffon dit : ceci est un homme, ceci est un lion, ceci est un aigle, ceci est une rose ; mais combien de variétés pour le moraliste, pour le philosophe, pour le romancier, ce philosophe et ce moraliste par excellence quand il se nomme Le Sage ou Balzac. L'homme, dira M. de Buffon, aimera la femme par la loi de la nature ; par la loi divine, dira un poëte ; selon Jésus-Christ, l'homme n'aimera que sa femme ; selon Mahomet il aimera toutes les femmes si son champ de maïs est assez grand pour les nourrir. Des analystes prétendent que le cœur ne peut battre que pour une seule femme, d'autres disent que ce foyer perpétuel peut se diviser à l'infini. Hier le Vésuve a brûlé Herculanum, demain il brûlera Pompéia. Est-ce l'esprit qui gouverne le cœur, est-ce le cœur qui règne sur l'esprit ? La sibylle de Cumes, les sphinx d'Égypte, les sorcières d'Écosse, répondraient mal à cette question. Faut-il écouter les poëtes qui habillent l'amour d'une robe d'or et d'azur, qui donnent à Vénus l'arc-en-ciel pour ceinture, qui couronnent la volupté des auréoles de l'idéal ? C'est encore l'amour divin, mais il n'a déjà plus cette primitivité savoureuse des simples de cœur : là commence la pluralité des femmes, parce que la poésie est la critique de l'œuvre de Dieu ; elle veut mieux faire dans son orgueil : Horace chante les yeux de Lydie, mais il adore la chevelure de Chloé, mais il se passionnera tout à l'heure pour la bouche de Néera.

Après la poésie, sinon avec la poésie, vient la décadence, ou si vous aimez mieux la civilisation, ce qui est tout un. Les vanités, qui sont les grandes déesses du jour, ont répandu leurs poisons jusqu'au fond du cœur. C'est alors que se révèlent les Don Juan. Ils se prennent à une femme parce qu'elle est célèbre au bois ou à l'Opéra ; ils se prennent à une autre parce qu'elle est renommée pour sa beauté parmi les duchesses. Un seul amour! c'est l'enfance de l'art. N'y a-t-il pas le soir et le matin? au théâtre la salle et les coulisses? dans le monde le sermon et les courses? Quand finit le bal des duchesses, la sauterie de ces dames est à peine commencée. Ne faut-il pas être des deux mondes? On ne compte à Paris que si on est coté dans les deux sphères. N'est-ce pas charmant d'avoir le paradis chez soi et l'enfer chez sa maîtresse? Qu'est-ce que le bonheur sans les larmes?

Dans la civilisation primitive, un homme aime une femme; elle devient sa contre-épreuve; son âme se forme à l'image de la sienne; il se retrouve en elle, il s'aime en elle, il souffre en elle et veut mourir en elle : c'est l'homme brutal et divin. On n'est plus tout d'une pièce, on n'a plus les mœurs barbares de la primitivité, mais le rayon du ciel ne passe plus sur le front; les plaisirs simples semblent trop simples, on les pimente par toutes les recherches de l'impossible et de l'imprévu, voilà pourquoi deux amours sont arrivés à se disputer le même cœur.

Ce sont les amours charmeurs, tyranniques, réprouvés, impitoyables.

Martial dîna avec Mme d'Armaillac, sous les yeux charmés de Jeanne.

Mais avant le dîner il avait écrit à Marguerite qu'il souperait avec elle.

V.

IL L'AIME, UN PEU, BEAUCOUP.

CEPENDANT Mlle d'Armaillac ne reprenait pas de forces; elle avait beau vouloir vivre, elle ne pouvait vaincre la fièvre. Elle avait été atteinte profondément : non-seulement pour la remettre sur pied, il lui fallait toute sa jeunesse, mais il lui fallait aussi beaucoup de temps. Elle espérait de semaine en semaine fixer le jour du mariage ; mais déjà plus d'un mois s'était passé sans qu'on pût se décider à publier les bans.

M. de Briançon venait tous les jours deux fois ; il déjeunait avec la mère et la fille. Jeanne ne se levait pas toujours; on traînait une petite table devant le lit pour donner à Jeanne l'illusion de la santé; elle était d'ailleurs heureuse ; la duchesse *** et Mme de Tramont venaient la voir souvent; on leur avait dit et elles avaient répété dans le monde que Mlle d'Armaillac avait eu une crise terrible la veille de son mariage avec M. Delamare, qu'elle avait voulu se sacrifier aux idées de sa mère, mais qu'au dernier moment, vaincue par le sacrifice, elle avait voulu mourir.

Martial paraissait plus tendre que jamais ; il arrivait tous les jours avec des fleurs, des bonbons, des chatteries. On passait des heures en causeries intimes. Comme Jeanne était curieuse, il lui contait mot à mot toutes ses actions ; elle voulait qu'il continuât à aller dans le monde et au théâtre, ne fût-ce que pour lui dire la chronique littéraire et galante.

Quand je dis qu'il lui contait mot à mot toutes ses actions, je perds de vue Mlle Marguerite Aumont. Mais lui ne la perdait pas de vue ; s'il donnait tous les jours quatre heures à sa fiancée, il en donnait bien deux à sa maîtresse ; il n'avait donc rien changé à sa vie ; il se promettait tous les jours de rompre une bonne fois avec Marguerite, mais le lendemain il ne tenait pas

compte de sa promesse. Il avait vu beaucoup de
ses amis ne quitter leur maîtresse que la veille
de leur mariage, il s'abandonnait lâchement à
sa double passion.

Un jour de beau soleil, la duchesse *** décida
Mlle d'Armaillac à s'habiller et à descendre dans
son landau.

— Ma toute belle, je vous conduirai au bois,
c'est l'heure où il n'y a encore personne. Nous
irons boire du lait au Pré Catelan.

Jeanne se laissa faire; il lui semblait qu'en
respirant l'air vif à travers les arbres, elle re-
prendrait un peu de ses forces.

Elle était si faible encore qu'il fallut la porter
dans la voiture de la duchesse ; mais une fois
dans l'avenue de l'Impératrice, elle se sentit
mieux ; elle remercia la duchesse en disant :
« C'est vous qui me sauvez, voyez plutôt, je
n'ai plus la fièvre. » Et elle tendit la main à son
amie, qui lui dit que la gaieté de l'âme était la
santé du corps.

Aussi ce fut un sourire perpétuel jusqu'au
Pré Catelan.

— Enfin, pensait Jeanne, me voilà revenue à
moi ; c'est aujourd'hui vendredi, demain Martial

pourra faire publier les bans ; nous nous marierons dans quinze jours.

La duchesse devait partir pour l'Espagne ; elle lui demanda de rester pour son mariage, en lui disant que cette fois c'était sérieux.

— Je suis si heureuse de votre bonheur, lui dit la duchesse, que je ne partirai pas avant votre mariage ; vous serez trop belle à voir ce jour-là pour que je ne veuille pas me donner ce spectacle.

On arrivait au Pré Catelan.

— Quel malheur ! dit Jeanne, il y a déjà du monde.

— Oh ! ne vous inquiétez pas, ce sont des malades ; d'ailleurs nous ne descendrons pas du landau.

Quand on fut devant la laiterie, la duchesse fit signe à une des femmes de service. Elle demanda deux tasses de lait. « Du lait chaud, dit-elle, allez le chercher à l'étable. »

Comme Jeanne suivait des yeux la fille de service, elle vit apparaître deux figures qui la rejetèrent dans sa fièvre, presque dans son délire. C'était M. de Briançon qui sortait gaiement de l'étable avec Marguerite Aumont. On eût dit, en vérité, qu'ils venaient de boire du vin de Champagne, tant ils étaient en belle humeur.

Marguerite se pencha sur l'herbe pour cueillir une pâquerette pendant que Martial roulait une cigarette. La courtisane effeuilla la marguerite en disant tout haut sans s'inquiéter des assistants : — Tu m'aimes, — un peu, — beaucoup, — passionnément...

— Point du tout, dit Martial.

Marguerite lui jeta les pétales dans la figure.

A cet instant Mlle d'Armaillac tombait dans les bras de la duchesse.

— Ma chère Jeanne, qu'avez-vous donc?

— Ce que j'ai? Vous ne reconnaissez pas Martial avec sa maîtresse?

— Oui, je le reconnais. C'est infâme.

La duchesse pressa Jeanne sur son cœur.

— Oui, oui, cachez-moi bien, dit Mlle d'Armaillac, car je ne veux pas qu'il me voie.

Le soir, M. de Briançon devait venir dîner chez Mme d'Armaillac.

Il vint. C'était le même masque souriant, les mêmes regards amoureux. Jeanne était si malade qu'elle n'avait plus de voix.

— Ah! c'est vous, murmura-t-elle doucement.

Elle n'avait rien dit à sa mère.

— Comme je suis désolé de vous voir plus malade, Jeanne !

— N'est-ce pas? C'est qu'aujourd'hui j'ai encore reçu un coup de poignard.

Elle regarda fixement Martial.

— Qu'avez-vous fait de votre matinée ? lui demanda-t-elle d'une voix plus douce.

Martial n'avait aucune idée qu'on eût pu le voir avec Marguerite Aumont au Pré Catalan. Les enfants se mettent la main sur la figure et s'imaginent qu'on ne les reconnait pas. Les Parisiens traversent Paris dans le flux et le reflux, dans le va-et-vient, dans le tohu-bohu, sans penser qu'ils sont en spectacle. Martial ne se cachait jamais, convaincu que nul ne s'inquiétait de ses actions, aussi répondit-il à Jeanne en toute insouciance :

— Vous savez, je suis allé çà et là. J'ai monté à cheval pour aller au bois et pour mieux penser à vous.

— Ah ! oui, pour mieux penser à moi dans la solitude, n'est-ce pas?

— Les amoureux ne sont jamais seuls. Ne voient-ils pas toujours devant eux la figure aimée?

Mais que parlez-vous d'un autre coup de poignard?

Mlle d'Armaillac, qui s'était contenue et qui avait caché sa blessure par un sourire, éclata dans sa colère.

— Oui, un coup de poignard ; cett fois il sera mortel, car c'est vous qui me l'avez donné.

— Moi?

— Oui. Je vous ai vu avec cette fille quand elle a effeuillé une marguerite pour vous la jeter à la figure.

Martial ne trouva pas un mot à répondre.

— Adieu, monsieur, reprit Jeanne en cachant ses larmes, vous m'avez tuée deux fois ; si j'en reviens, faites-moi la grâce de ne pas me tuer une troisième fois.

Martial eut beau supplier par le regard et par la prière, Mlle d'Armaillac fut inflexible ; elle lui indiqua la porte avec une volonté si impérieuse qu'il obéit sans le vouloir.

Il devait aller le soir, comme de coutume, chez Marguerite Aumont ; il lui écrivit ce simple mot :

« Cette fois, Marguerite, c'est bien fini : la fa-
« talité nous sépare, ne nous revoyons jamais.

« MARTIAL. »

LIVRE VIII

LA CONFESSION DE CAROLINE

(MARGUERITE AUMONT)

I.

LE DERNIER MOT DE L'AMOUR.

Je me promenais devant le café de la Paix avec quelques amis, dont le marquis de Satanas. On s'était fort moqué du diable qui s'était fort moqué de tout le monde.

— Vous ne savez rien de nouveau? lui demandai-je en le quittant.

— Du nouveau vieux, mais pas du nouveau neuf. Rien d'imprévu.

— Et Jeanne d'Armaillac?

— N'en parlons pas aujourd'hui, car son amant se bat en duel. Demain je pourrai parler.

— Pourquoi pas aujourd'hui?

— Parce que vous connaissez trop de journalistes. Si on disait un mot il y aurait un autre duel.

— Eh bien, adieu!

— Attendez, me dit le diable. Une fille à la mode m'a confié hier un manuscrit volé à une de ses amies.

— Pour être imprimé en feuilleton dans la *Gazette de l'Enfer.*

— La *Gazette de l'Enfer* c'est le *Figaro* ou le *Gaulois*, dit le diable, en me conduisant au *Splendide-Hôtel*.

Le marquis avait là un pied-à-terre pour ses aventures au jour le jour.

Il ouvrit le tiroir d'une table de Boule.

— Tenez, reprit-il, en me présentant des feuillets noués par un ruban rose.

— A la bonne heure! Ceci n'est pas un manuscrit d'auteur inédit, qui a traîné partout. Celui-ci exhale un doux parfum de violette.

— De violette! dites de péché, l'odeur de sainteté ne vaut pas l'odeur du péché.

Et le marquis de Satanas baisa le manuscrit.

Je dénouai le rouleau et je lus çà et là quelques lignes.

— N'est-ce pas que c'est joli ces hiéroglyphes? On voit tout de suite qu'on a sous la main le cœur et l'esprit d'une femme.

— Vous voulez dire d'une pécheresse.

— C'est tout un. Or, cette femme ou cette pécheresse est encore vivante à l'heure qu'il est.

Le diable regarda à sa montre.

— Mais elle n'a plus que trois heures à vivre.

— Pourquoi?

— Lisez son histoire.

— Trois heures à vivre! C'est donc une vieille femme?

— Elle a vingt-cinq ans moins trois heures.

— Vous me contez des contes.

— Oui, comme toujours, des contes vrais.

— Est-elle jolie?

— Si elle est jolie!

Le diable me montra une petite photographie de Nadar, prise un beau jour de soleil.

Je reconnus Marguerite Aumont, la maîtresse de Martial de Briançon.

— Qu'en dites-vous?

— Charmante! Vous savez bien que je la connais mieux que vous. Si elle veut mourir, c'est parce que Martial de Briançon l'a mise à la porte une seconde fois. Je ne veux pas que cette jolie fille meure dans trois heures. Où est-elle?

— Je ne sais pas.

— Vous le savez.

— Non, vous dis-je? Et d'ailleurs je ne pourrai pas l'empêcher de mourir.

— Où demeure-t-elle ?

— Elle demeure boulevard Malesherbes, 50; elle est sortie pour dîner avec une de ses amies; elle est allée respirer une dernière fois à la Cascade.

— Allons chez elle.

— Elle ne rentrera pas.

— Où dînera-t-elle?

— Je ne sais pas.

Le marquis de Satanas me tendit la main.

— Quoi qu'il en soit, reprit-il, je ne puis pas la chercher avec vous. Je dîne ce soir chez la reine d'Espagne à qui je porte de bonnes nouvelles.

— Ce n'est pas à la reine d'Espagne que vous feriez croire que vous êtes le diable.

— Non, car elle m'a vu trop jeune à la cour. Une vraie femme, celle-là, une tête et un cœur.

— Et des yeux comme le ciel espagnol.

— Adieu, mon cher! cherchez Marguerite, mettez-vous en campagne pour la retrouver et pour la sauver, si sa destinée n'est pas irrévocable.

Le marquis de Satanas était parti.

Je ne savais où dîner, j'entrai au café Anglais, dans un cabinet particulier, pour feuilleter le manuscrit au ruban rose.

— Qu'a-t-elle bien pu conter? me disais-je; elle a beaucoup d'esprit et d'imprévu, elle a horreur des choses trop imprimées, peut-être son récit est-il amusant.

Je jetai un rapide coup d'œil au commencement, au milieu, à la fin du manuscrit, pour revenir au commencement.

Je passai toute une heure à lire cette histoire à vol d'oiseau. Je la donne ici telle quelle, à quelques fautes d'orthographe près, que les imprimeurs auront le tort de ne pas respecter.

MES CONFESSIONS.

PRÉFACE.

15 décembre 1872.

AIMEZ-VOUS la préface? Pour moi le livre de la vie, c'est la préface de la mort. Mais la préface n'a qu'une page et le livre en a mille.

Je ne dépenserais pas ainsi tant d'encre de la Petite-Vertu pour raconter mes faits et gestes, si le hasard des aventures ne m'avait jetée dans une comédie parisienne dont je puis peindre quelques figures, quelques scènes et quelques tableaux.

Tout est bon pour l'histoire d'une époque, même le griffonnage des femmes, même le griffonnage léger des femmes légères.

Il arrive souvent que l'œil féminin fait des découvertes là où le philosophe n'a rien trouvé : c'est que les femmes pénètrent plus avant que les historiens dans la coulisse de tous les théâtres. Elles voient les comédiens du monde avant qu'ils n'entrent en scène ; elles les voient quand ils reviennent de leurs triomphes ou de leurs chutes.

Et puis ce n'est pas pour le seul plaisir de parler de moi que j'entreprends *ces mémoires*. Perdue et retrouvée par l'amour, je cherche à sauver par l'amour même quelques-unes de celles qui me liront. N'y en eût-il qu'une seule, que je dirais comme le Dieu de la Genèse, à la fin du sixième jour : « Je suis contente de mes journées ! » Et comme lui, je me reposerais dans la lumière du septième jour.

Voyageuse téméraire, emportée par des courants inévitables sur une mer pleine de récifs, j'ai entrevu, avant d'échouer sur le plus terrible de tous, des îles calmes et ombragées, portant le bonheur qui errait tout seul, à l'abri des tempêtes, au sein même des régions où se forment, éclatent et triomphent les plus violentes passions. J'ai voulu élever un phare au-dessus des écueils qui m'ont fait tomber de naufrage en naufrage, et j'ai relevé la topographie des pays du bonheur, entrevus par moi entre deux ouragans.

Excuse-moi — ennemi lecteur — si je parle un peu trop le langage du marin, mais ce n'est pas en vain que j'ai parcouru les océans du péché.

Et puis mon grand-père était vice-amiral.

Ce souvenir me fait pencher tristement la tête. Que dirait-il en me voyant dans ma folie?

Est-ce pour cela que je dis comme Ninon de l'Enclos : « S'il me fallait recommencer ma vie, j'aimerais mieux être pendue. » Ou, comme Sophie Arnould : « Pourquoi suis-je venue sur la terre? Si c'est pour m'en aller, il fallait donc le dire plus tôt. » Mais Sophie Arnould et Ninon de l'Enclos sont mortes à quatre-vingts ans, tandis que moi j'aurais voulu faire mon épitaphe à vingt ans.

Ma vie a caché bien des tristesses sous son éclat de rire. Quand j'avais seize ans et que je croyais à tout, même à l'amour, une jolie hirondelle est venue battre des ailes sur le miroir de ma chambre. Je l'ai prise pour la baiser et lui mettre au cou le ruban rose qui attachait mes cheveux.

Hélas, elle avait si violemment donné de la tête contre le miroir, croyant que c'était le ciel ouvert, qu'elle mourut dans mes mains et sous mes lèvres.

Ç'a été pour toute ma vie un triste pressentiment.

Je mourrai comme la pauvre hirondelle. Je donnerai de la tête et du cœur contre l'amour en croyant voir le ciel — et je ne trouverai que la mort!

III.

OU IL EST QUESTION DE PHRYNÉ.

'OUBLIAIS de vous dire mon nom. Je ne suis connue que par un pseudonyme : tout le monde m'appelle Marguerite Aumont, mais je m'appelle de par le baptême Caroline-Diane de Fourcault.

Si vous êtes indiscret, je vous dirai que j'ai droit à la couronne de comtesse. Quand je suis née, je suis née riche ; mais cette fortune très-ancienne fut perdue avant que je n'eusse l'âge de raison. — L'âge de raison! je ne saurai jamais compter cet âge-là. — L'âge de raison, c'est l'âge de la mort, dirais-je — si je ne craignais de passer pour le huitième sage de la Grèce.

Tant et si bien que ma famille, après un dernier naufrage, vint se réfugier à Paris, dans l'Ile Saint-Louis.

Tout n'était pas désespéré ; on prit un appartement qui avait grand air, quoique très-délabré. Les meubles y jouaient un peu aux quatre coins.

Ma mère ne sauvait du naufrage que ses trois enfants, une pension de l'État et beaucoup de créances douteuses. Une entre autres sur une compagnie d'assurances maritimes. Mais qu'est-ce que tout cela vous fait?

Ma sœur était à Saint-Denis, mon frère étudiait pour entrer à l'école de Brest, moi, je jouais aux quatre coins avec les meubles du salon.

Ma mère s'enfermait pour pleurer, une larme pour mon père et une larme pour sa fortune. Elle écrivait beaucoup de lettres, mais elle avait beau faire, l'argent ne devait pas revenir. Il nous fallut bientôt quitter l'appartement de l'Ile Saint-Louis pour le rez-de-chaussée d'une petite maison de Passy.

Mon premier souvenir est un bal d'enfants chez M#m#e# de l'Épinay, où je surpris tout le monde par mes folies et « mes gentillesses. » Je dansais et je valsais comme une fille des airs. On me caressa beaucoup et on me donna « l'estime de moi-même. » Le soir en rentrant je passai un quart d'heure à me regarder, tout en prenant des poses de valse et de danse.

J'avais déjà du génie dans les pieds.

Vous n'avez pas, j'imagine, la curiosité de me voir jouer au volant; j'en suis bien aise, car je ne veux pas profaner par des gaietés de plume toute une enfance pieusement passée dans la maison natale protégée par une mère toute de vertus et par une bibliothèque de bons livres, à commencer par le catéchisme, à finir par la Bible. Je ne veux pas dire par là que je fusse un ange, j'avais bien plutôt l'air d'un diable, mais quand j'avais joué comme une folle à tout casser, je redevenais sérieuse et maman pouvait espérer en moi.

On dit qu'il y a toujours dans une bibliothèque une place pour un mauvais livre. Un jour que je cherchais, je tombai sur un volume dépareillé des *Courtisanes de la Grèce.*

Pourquoi ce volume était-il là? C'était mon frère qui l'avait caché la veille dans les bons livres, comme si on pouvait ne pas reconnaître tout de suite une femme légère dans la bonne compagnie.

Ce fut pour moi une révélation, j'allais dire une révolution, quand je lus des phrases comme celles-ci, ou à peu près :

« Phryné était une des plus belles courtisanes de l'antiquité. Elle était encore plus belle dans tout ce qu'elle dérobait aux yeux. Jamais elle n'allait aux bains publics; mais le jours des fêtes d'Éleusis, elle apparut toute nue vêtue de sa chevelure, pour entrer dans la mer. Ce fut à cet instant que le peintre Apelles ébloui rêva sa Vénus sortant des ondes.

« Praxitèle, qui l'aimait passionnément, fit avec elle sa Vénus de Cnide. Il mit cette inscription aux pieds de l'Amour, qui parle ainsi :

« Praxitèle me donna à Phryné pour prix de
« ses faveurs. Je ne lance plus de traits; mais
« je verse des philtres dans les regards brû-
« lants que je jette. »

« Praxitèle avait donné à Phryné le choix de cet amour, ou de son satyre. « Je vous donne
« mon plus bel ouvrage, lui dit-il un jour, le
« choix n'est pas facile, je garderai mon secret. »

Phryné sourit et donne un ordre mystérieux à l'esclave. Quelques instants après on vient annoncer à Praxitèle que son atelier est la proie des flammes. « Ah! dieux! sauvons le satyre, sauvons l'Amour. — Praxitèle, je choisis le dernier. Rassurez-vous, vous n'avez perdu que votre secret. » Et Phryné enrichit Thespie de ce chef-d'œuvre.

« Accusée d'un crime capital par Euthias, elle avait été absoute ; c'est pourquoi Euthias, depuis ce temps-là, ne voulut plus parler en public, tant il en était indigné. L'accusation portée contre Phryné était de ruiner et de corrompre les Grecs, de profaner la majesté des mystères d'Éleusis en les parodiant; elle fut traduite au tribunal des Héliastes ; la peine était capitale. L'orateur Hypéride, qui avait été l'amant de Phryné, voyant qu'il ne faisait aucune impression sur les juges, la fit paraître au milieu de l'assemblée, lui découvrit le sein et s'écria : « Voilà ma raison. » On ne voulut pas condamner à mort une si belle femme consacrée au culte de Vénus. Mais on rendit un décret qui défendit à qui que ce fût de plaider en dévoilant le sein de l'accusé.

«Phryné proposa aux Thébains de faire rebâtir à ses frais leur ville ruinée par Alexandre, s'ils voulaient y mettre cette inscription : « Alexan- « dre l'a renversée de fond en comble ; mais « Phryné la courtisane l'a relevée. »

« Les admirateurs de Phryné lui décernèrent une statue d'or, qu'ils firent placer dans le temple de Delphes, sur une colonne de marbre du Mont-Pentelus. Elle fut sculptée par Praxitèle toujours amoureux. Le cynique Cratès ayant vu cette statue dit : « Voici donc un monument de « la vertu des Grecs. » Elle était placée, cette statue de reine, entre celles d'Archidamus, roi de Lacédémone, et de Philippe, fils d'Amyntas. On y voyait cette inscription : « Phryné de Thespie, fille d'Épiclès. »

Quand mon frère rentra le soir au retour du lycée :

— Eh bien ! lui dis-je, j'en ai appris de belles sur les philosophes de la Grèce. Platon, Socrate, Épicure, Diogène, Sophocle, Démosthènes, Isocrate, Aristide et les autres se sont fait gloire de briguer les faveurs des courtisanes.

Il se mit à rire.

— Tu as trouvé mon livre ?

— Oui, lui dis-je, en vérité je ne sais pas pourquoi on vous fait apprendre le grec si c'est pour vous initier à de pareilles fables! Si je juge bien, la Grèce était tout un carnaval.

— Oui, ma chère, me dit-il, voilà pourquoi Jésus-Christ a voulu faire le mercredi des Cendres.

Et me regardant en face :

— Est-ce que tu voudrais gagner ta cause en montrant le sein de l'accusée?

— Oui, si j'étais une fille de marbre.

Mon frère tenta de ravoir son livre, mais je l'avais caché à mon tour; il le chercha sans deviner que je l'avais mis sous mon oreiller.

Ce mauvais livre naturellement me donna de mauvais rêves. Et moi aussi j'allais à Corinthe. Et moi aussi j'allais en grande pompe présenter des vœux à Vénus! Et moi aussi, comme Phryné, je posais devant Praxitèle, fière déjà des adorations comme si j'étais une femme de marbre.

Le lendemain matin, quoique je fusse sous l'œil de ma mère, je relus ce petit livre avec passion. C'en était fait, j'avais fermé le catéchisme. Il me semblait que mon esprit avait découvert un pays radieux.

Aussi ce fut avec un sentiment de tristesse que, jetant les yeux sur le pauvre intérieur où nous vivions, je pensai à la vie médiocre qu'il me faudrait subir.

Jusque-là ma plus belle espérance avait été de devenir institutrice; c'était le vœu de ma mère, qui, toujours fière dans sa déchéance, disait que ce n'est pas s'humilier que de vivre par l'intelligence.

Institutrice! J'en avais vu avec leurs robes feuille-morte, leurs chapeaux démodés et leurs bottines avachies!

On avait voulu aussi me mettre au piano et faire de moi un prodige de triples croches; mais je n'avais aucune disposition pour tourmenter le clavier. J'avais pris des leçons, mais quand je m'écoutais, j'avais envie de pleurer comme les chiens.

Est-ce que les chiens seraient aussi nerveux que je le suis?

Le livre que j'avais lu me ramena à la musique. Je songeai que par le piano je pourrais faire une brillante entrée dans le monde, tandis que simple institutrice, quelle que fût ma science, je ne dépasserais jamais le cabinet de travail.

— Maman, dis-je tout à coup, je veux être musicienne. Tu avais raison, je reviens à ta première idée.

On reloua un piano le jour même. Ma mère était ravie de me voir revenir à la musique. Elle eut une patience d'ange pour me donner les premières leçons, comme elle avait déjà fait un an plus tôt. Elle eut surtout une patience inouïe pour m'écouter, car je continuais à faire pleurer les chiens, mais je ne pleurais plus. Je me voyais déjà applaudie comme une merveille.

J'eus du courage pendant six mois, jusqu'au jour où je me présentai au Conservatoire. On jugea que je n'étais pas née musicienne.

Je pleurais de colère. J'aurais voulu piétiner une gamme sur le professeur. Mais, presque au même temps, je faillis lui sauter au cou, parce qu'il conseilla à ma mère de me hasarder à la classe de danse. Il me trouvait grande, svelte, élancée. Il dit ce mot de caractère en regardant mon pied : « Voyez-vous, madame, il y a plus d'esprit dans ce pied-là que dans cette main-là. »

C'était la destinée qui parlait.

M. Auber passait par là.

— Elle ira loin — si elle est légère.

J'ai été bien légère et je suis allée bien loin, bien loin, bien loin!

J'entrai « dans la danse » en même temps que Mlles Eugénie***, Adèle ***, Léontine ***, et autres étoiles du ciel de l'Opéra qui ont levé le pied vers la célébrité.

IV.

LE BOUQUET D'ÉGLANTINES.

J'AVAIS quinze ans et j'étais devenue quasi belle. J'étais une fille de Jean Goujon et non une fille de Rubens. Point de ronde-bosse, des demi-reliefs. Ma taille était bien prise, et déjà mon pied cambré et mignon supportait nerveusement une jambe fine — et plus ou moins arrondie. — On me suivait dans la rue, le matin, lorsque j'allais à pied au Conservatoire.

Mon esprit avait devancé la marche rapide de mon corps; je travaillais beaucoup, comme l'avait demandé mon professeur; mais j'étudiais aussi beaucoup la vie dans les livres. Après les classes, je lisais, je lisais et je lisais encore, jusque bien avant dans la nuit. J'eus bientôt dévoré le fonds courant et la réserve des cabinets de lecture. Je lisais surtout Balzac, George Sand et Alfred de Musset. Je prenais des répétitions de solfége et de piano avec une fille très-délicate et très-distinguée, la fille de notre concierge. Elle lisait Lamartine et posait pour la palme. Ma mère conservait toujours avec moi son attitude digne et presque glaciale. Mon cœur, qui commençait à chercher autour de moi, fut froissé par cette réserve. Je pleurai plus d'une fois, en lisant quelques-uns de mes chers livres, non pas sur les malheurs de l'héroïne, mais sur moi-même, si seule dans le bruit de la foule.

J'étais déjà, grâce à mes lectures, un esprit fort romanesque; pourtant je ne ressentais pas encore *les atteintes du mal d'aimer*, comme disaient les madrigalistes du temps passé. Je cherchais tout simplement, en fille naïve que j'étais, quelque bonne amitié autour de moi. Mlle Athénaïs n'avait d'expansion qu'avec Lamartine. Enfin, je trouvai deux amies des plus charmantes et des plus dangereuses.

Angèle et Laura étaient un peu plus âgées que

moi, dix-sept et dix-huit ans. Belles toutes deux de la beauté du diable, spirituelles comme des pages, plus aventureuses que des cent-gardes. Elles étaient filles d'un colonel mort en Crimée ; leur esprit d'insubordination dépassant toutes les limites, elles n'avaient pu rester à Saint-Denis. Sur le beau conseil d'un vieil ami, ancien cuistre de bureau, leur mère les avait fait entrer au Conservatoire, Angèle dans la section de la danse, Laura dans la clase de la tragédie. Or, jamais personne au monde ne fut moins tragique que la blonde Laura. Elles demeuraient quai des Ormes; nous suivions le même chemin. Comme nous étions dans la même classe, les relations furent vite nouées, dénouées, renouées, quoique je fusse très-farouche.

Je raffolai bientôt de Laura. Quelle bonne compagnonne de route, quand, toutes trois, bien serrées dans nos plaids, nous nous hasardions sur les boulevards! Quels beaux rires nous lui devions, malgré le vent et la pluie qui souvent battaient nos jupes tout le long du chemin ! Elle était intarissable dans sa franchise militaire. Elle jurait comme un grenadier. Son père, le vieux soldat parvenu, n'aurait pu la renier, Si nos mères, qui nous laissaient ainsi affronter les hasards périlleux des rencontres parisiennes, avaient compté sur elle pour éloigner les galantes entreprises des habitués des boulevards, elles avaient eu bien raison, mais elles avaient compté sans le diable de la curiosité.

Que j'en ai vu, de ces museaux d'amoureux d'aventure, reculer effrayés et épatés devant une apostrophe guerrière de Laura! Quels sarcasmes! Et quels fous rires cachés sous nos mouchoirs!

Angèle avait moins de spontanéité, moins de raillerie, avec un petit grain de sentimentalité rêveuse en plus. Un diable à quatre doublé d'une héroïne de roman.

Un jour, à la sortie du Conservatoire, nous fûmes assaillies par une bourrasque subite.

Nous n'avions pas de parapluies, et, après nous être consultées, nous constatâmes avec effroi que nous possédions dix sous à nous trois. Pas même la ressource d'un omnibus!

— Vertudieu! dit Laura, si nous allions nous réfugier dans le passage des Panoramas? Peut-être verrons-nous Mario ou Raphaël.

— Oui, dit sa sœur, si nous ne les trouvons pas, nous serons du moins à l'abri.

Et nous voilà courant jusqu'au passage. En route je demandai à Laura qui étaient MM. Mario et Raphaël.

— Es-tu bête! me répondit-elle ; tu le sais bien : ce sont nos amoureux. Le premier s'appelle Mario, voilà pourquoi je l'appelle Rio ; le second est un rapin, voilà pourquoi Angèle le nomme Raphaël. Ce sont des noms de guerre, puisqu'ils nous font la guerre.

— Vous avez donc des amoureux ?

— Oui, oui, feins donc de l'ignorer, jolie grimacière ; tu les as assez souvent vus sur nos talons pour les bien connaître.

J'ouvris des yeux tout émerveillés : je n'avais jamais rien vu que les lourdauds que Laura jetait si drôlement à la porte de son chemin.

Arrivées dans le passage, Angèle me prit le bras :

— Voyons, me dit-elle, ne fais pas trop la niaise ; ce n'est plus de ton âge. Rio et Raphaël sont deux jolis messieurs, qui lisent quelquefois le journal au café de Madrid. Ils se reposent, le soir, de leurs études, en venant fumer un cigare sous nos fenêtres : autrefois on chantait des sérénades, aujourd'hui on fume. Comprends-tu ?

— Je comprends que je n'y comprends rien, répondis-je avec je ne sais quelle émotion curieuse, comme si j'allais pénétrer dans quelque souterrain plein de mystères.

Laura me regarda des pieds à la tête, partit d'un grand éclat de rire et s'écria en s'adressant à sa sœur :

— Décidément, ce n'est encore qu'une Agnès !

Je ne sais pourquoi, j'eus envie de pleurer : je pensais à ma mère.

Sur un signe de Laura, les amoureux jaillirent de dessous terre.

— Où allons-nous? demanda l'un d'eux, petit brun à moustaches effilées, qui paraissait sortir tout fraîchement des mains de son coiffeur.

— Mon cher Rio, répondit Laura, nous venons d'être enlevées par un coup de vent furieux...

Nous étions revenus sur le boulevard et Rio entraînait Laura vers la taverne anglaise.

— Eh bien ! et Caroline ? dit Angèle, en me montrant du regard.

— Mais puisque mademoiselle est votre amie,

répondit Raphaël, elle ne doit pas vous quitter...

— D'autant moins, ajouta Rio, que j'aperçois là-bas Gaston qui sera enchanté de la rencontre.

En un clin d'œil nous fûmes installés dans un petit salon de la taverne anglaise.

Celui qu'on avait appelé Gaston se trouvait à côté de moi, me prenant les mains, les couvrant de baisers, me répétant sur tous les tons :

— Oh! la bonne fortune.

Tout cela s'était passé si rapidement, que je n'avais pas eu le temps d'avoir une pensée bien nette sur ce qui m'arrivait.

Maintenant que je vois les choses de loin, avec le calme de la réflexion et la lucidité de l'expérience, je suis bien convaincue que toute cette scène avait été préparée à l'avance ; — jusqu'au coup de vent. — N'étions-nous pas près de l'Opéra?

Gaston était un ami de Rio, que j'avais remarqué depuis plusieurs jours, marchant sur nos pas, — et cependant je n'avais vu ni Rio ni Raphaël, qui nous suivaient aussi, — tant il est vrai que les jeunes filles les plus innocentes et les plus naïves voient toujours bien l'homme qui les aime.

Que répondis-je aux discours et aux protestations de Gaston? Je ne saurais le dire : quelques paroles vagues. J'étais très-émue et je sentais bien que je n'étais pas éloquente, surtout quand je me comparais à Laura et à Angèle, qui ripostaient gaiement aux attaques de leurs amoureux, sans perdre une bouchée du goûter que ces messieurs avaient fait servir. Tout cela n'était que pour m'aguerrir, comme disait Laura.

Il fut convenu qu'à partir de ce jour, les trois amis nous attendraient à l'entrée du petit couloir de l'Opéra.

Pendant tout un mois, ils n'y manquèrent pas un seul des jours du Conservatoire. Mais, malgré les railleries de mes deux amies, je n'avais pas encore cédé à la tentation qui m'entraînait dans les bras de Gaston.

Pourtant je l'aimais presque.

Dans son livre de l'*Amour*, Stendhal a écrit de curieuses pages sur cette question : Quel est l'amour le plus amoureux : est-ce le premier? est-ce le deuxième?

Je suis de l'avis de celles qui lui ont prouvé que c'était le deuxième. Il est vrai que plusieurs ont pu dire : « A moins que ce ne soit le troisième ! »

Gaston de Foix, — c'est ainsi que ses amis l'appelaient par raillerie historique ou géographique parce qu'il était né à Foix, — était un jeune homme de vingt-cinq ans, qui faisait son droit sur la rive droite. Il était fort beau à mes yeux de ce temps-là, car il ressemblait à une gravure de mode. C'était d'ailleurs sa joie et son triomphe. Ajoutez à cela une belle fatuité, un esprit vif, toujours quelques napoléons dans les poches de son gilet irréprochable, et avouez que c'était un héros pour une fille de seize ans, qui n'avait pas toujours déjeuné quand elle allait passer plusieurs heures à se briser les nerfs pour réussir des pointes, des élancés et des jetés-battus à deux temps.

Gaston, était un de ses noms de baptême, car il se nommait aussi Martial. C'était le fils du comte de Briançon qui est mort en Crimée. Dire aujourd'hui le nom de Martial, c'est le peindre, car tout le monde le connaît. Il s'est battu comme un lion contre les Prussiens. On vous dira peut-être qu'il est redevenu un crevé...

On s'imagine aisément que MM. les crevés sont de jeunes idiots qui jouent leur va-tout aux pieds des courtisanes.

S'il y a des idiots, j'avoue que je ne les connais pas.

Les crevés qui ont soupé avec moi, qui m'ont menée aux courses ou aux eaux, sont des hommes d'esprit qui ont le courage de leur jeunesse et de leurs passions. Sans parler du vrai courage : combien qui se sont fait tuer par les Prussiens après des miracles d'héroïsme !

Tout ces crevés-là se ruineront peut-être, mais soyez sûrs que vous les reverrez un jour députés, préfets, ambassadeurs, ou tout au moins consuls, comme les crevés du temps de Louis-Philippe et de Napoléon III.

J'ai vu à la maison d'Or ou au café Anglais tous les beaux noms de la France héraldique, impériale ou républicaine. Le baron de H..., le duc de R..., le baron E..., le comte de La B..., le comte de Saint..., le marquis de C..., le duc de G—C... Et celui-ci et celui-là.

Ce sont des crevés, ceux-là, mais je vous réponds qu'ils se portent bien, et qu'après avoir traversé cette université de la vie à quatre chevaux, ils passeront sur le corps de beaucoup d'ambitieux qui s'étiolent dans le silence du cabinet.

J'aimais Gaston avec toutes les naïvetés, toute la sottise, toute la violence et toute la fraîcheur d'un premier amour, composé de sensations nouvelles, de désirs mal définis et d'une immense curiosité. Il y avait bien aussi une vague arrière-pensée de liberté, de vie folle et charmante, avec des toilettes ébouriffantes et un joli coupé traîné par un cheval anglais.

Cependant, malgré la pluie, le froid, le carnaval et les fêtes d'hiver, je n'en étais encore arrivée qu'à la préface : des serrements de mains, quelques baisers, beaucoup d'émotions avec pas mal de soupirs à la clef. Et quels rêves étranges dans les nuits fiévreuses ! Avril, le doux et vert avril, vint secouer son panache ondoyant sur le parfum de ses violettes et de ses lilas.

Jusque-là, Gaston s'était montré patient et résigné, mais convaincu que je ne pouvais manquer de lui appartenir. Aux premiers bourgeons éclos sur les ormes des Champs-Élysées, il avait témoigné une violente impatience de quitter les sentiers tranquilles de la passion platonique pour les chemins à casse-cou de l'amour réel.

Un matin donc, au moment où nous allions nous engager toutes les trois dans le passage de l'Opéra, nous vîmes venir au-devant de nous Gaston, Raphaël et Rio.

— On ne passe pas! nous cria celui-ci en étendant les bras.

— Pas de Conservatoire aujourd'hui! A bas le Conservatoire et tous les conservateurs! s'écria Raphaël.

— C'est aujourd'hui saint Amour, me dit Gaston, et ce jour-là on fait l'école buissonnière.

— Mais enfin que voulez-vous dire? demanda Laura.

— Nous voulons dire, ô Rachel en herbe, que nous avons résolu de passer avec vous toute cette sacro-sainte journée à la campagne, et que nous sommes décidés à vous enlever par persuasion, par ruse, ou même, s'il le faut, par la force armée.

Et Rio nous menaçait d'une jolie petite canne qui renfermait un poignard.

— Oh! la campagne! s'écria Laura en battant des mains, voilà une idée! Ce n'est pas Raphaël qui l'aurait eue.

J'interrompis Laura :

— Aujourd'hui, ce sera fort beau, mais demain?

— Nous trouverons un mensonge sous les grands arbres là-bas, me répondit Laura.

Et elle ajouta vivement : — Où allons-nous ?

— A Saint-Cloud, patrie des merles siffleurs et du goujon frit.

— Tout est prêt, mesdemoiselles ; allons, le bras à ces messieurs et en avant le *Chant du départ!*

Et Gaston de Foix se mit à déclamer d'une façon triomphante les premiers vers de l'hymne national de Chénier :

« La victoire en chantant nous ouvre sa barrière — de l'Étoile. »

Il me prit le bras.

— Quand reviendrons-nous? lui demandai-je.

— Un jour ou l'autre, me répondit-il en riant.

— Mais ma mère...

— Va donc! dit Angèle, ta mère se remariera en t'attendant.

Cette petite fête avait été arrangée à mon insu depuis plus de huit jours. On attendait une matinée de soleil.

J'éprouve, en racontant ceci, un charme douloureux que comprendront seules les femmes qui auront senti, comme moi, tous les entraînements romanesques du premier amour, au milieu des splendeurs et des poésies d'une belle journée printanière.

Nous allâmes à pied jusqu'à la gare Saint-Lazare. Les boulevards inondés de soleil et à peine peuplés à cette heure, matinale pour les Parisiens, me parurent transfigurés. L'atmosphère tiède sentait la violette et le muguet. Jamais je n'avais trouvé un air si riant et si champêtre aux arbres nains de la place de la Madeleine.

Je ressentais bien encore quelques scrupules : mais Gaston m'entraînait doucement ; il paraissait si heureux ! Faire le bonheur de quelqu'un c'est une terrible tentation. Et puis, cette idée de la liberté joyeuse dont j'allais jouir pendant tout un jour, au grand air, dans les bois touffus, cette idée me grisait et me poussait comme un coup de vent.

En montant en wagon, j'étais aussi gaie et aussi folle que mes deux amies.

Lorsque nous fûmes descendus à la station de Saint-Cloud, Gaston nous arrêta au moment où nous nous disposions à courir comme des pensionnaires échappées du couvent, et il nous tint à peu près ce petit discours :

— Mesdemoiselles et messieurs, nous allons, je l'espère, folâtrer comme une nichée de jeunes oiseaux, mais je vous préviens qu'il y a près de l'étang, à la *Pie pêcheuse,* un déjeuner qu'il serait cruel de faire attendre. Ensuite, après les courses folles sur la terre et sur l'onde, dans les bois et sur les gazons, il est nécessaire que vous veniez visiter mon palais, où vous trouverez un dîner rustique et un orgue de Barbarie tout neuf. Vous pourrez danser...

— Pas de programme! s'écria Rio. Est-ce que tu t'imagines que ces dames fuient le Conservatoire pour tomber dans tes programmes ?

— Il faudra pourtant bien qu'elles tombent dans mon château...

— Tu as donc un château ?

— Je l'ai fait faire à votre intention, ingrats! C'est un chalet suisse où je veux mener une vie de Robinson.

— Et Vendredi ?

— C'est mon cuisinier. Mais, plus riche que Robinson, j'espère avoir encore, en mon île déserte en terre ferme, quelques compagnons sauvages, et je compte sur vous...

— Ah çà! mais Gaston de Foix est un vrai prince, dit Raphaël.

— Un prince de la banque, ou de la bohème? demanda Angèle.

— Quand on est amoureux, on est toujours quelque peu prince, répondit sentencieusement la rieuse Laura. — N'est-ce pas, Caroline?

Et elle me poussa dans les bras de Gaston, dont les lèvres effleurèrent les miennes.

Je me dégageai vivement et je me mis à courir, moitié riant, moitié triste.

Ce fut le signal d'une course folle qui nous mena jusqu'au grand étang, au bord duquel nous aperçûmes le maître de la *Pie pêcheuse* qui nous attendait, tablier blanc relevé, casquette gaillardement posée sur le coin de l'oreille droite.

Après ce festin primitif, où le vin de Champagne nous conta des siennes, nous visitâmes en détail ce que Gaston avait appelé son palais et son château.

C'était un fort joli chalet placé à mi-côte qu'il avait loué tout exprès pour me séduire. Ce chalet était entouré d'un petit jardin anglais qui n'avait de tous côtés, pour clôture, qu'un épais massif de hêtres, de bouleaux, de chênes et d'ormes. De grands buissons d'églantiers armaient cette clôture impénétrable et formaient au jardin une ceinture blanche et rose d'où s'exhalait le parfum printanier des églantines.

Oh! que je l'ai aimée, cette fleur rosée si simple et si poétique! Combien de fois, depuis, ai-je donné un louis à un pauvre Auvergnat des Champs-Élysées pour qu'il allât me chercher, dans les buissons du bois de Boulogne, une branche fleurie d'églantier! En respirant ce parfum, qui a plus de chasteté que les senteurs de la violette, je revivais pendant un moment dans des joies indicibles.

Était-ce l'amour? Non, c'était l'ivresse des seize ans dans l'arome des premières roses.

C'était ma jeunesse que j'envoyais chercher dans les bois.

On dansa, ce jour-là, non aux miaulements d'un orgue de Barbarie, mais bien aux sons d'un fort bon piano d'Erard. Gaston m'avait entraînée sous un berceau de clématites et de lilas où nous entendions les rires de Laura et les éclats de voix de Raphaël.

Gaston me parlait à voix basse. — Que me disait-il? — Rien. C'était de l'hébreu et je comprenais.

Et après?

Eh bien, on s'en alla — moi comme j'étais venue. — Aussi j'embrassai ma mère le soir, toute fière de moi.

Je le jure sur les églantines du prochain printemps.

V.

L'IMPRÉVU ET L'INCONNU.

Nous avions quitté l'île Saint-Louis pour Passy. Nous habitions le rez-de-chaussée d'une petite maison rue de la Pompe, pas bien loin de Jules Janin.

Entre parenthèse, ce fut le premier homme célèbre qui frappa mes yeux. Il montait en fiacre comme un simple mortel. On me dit qu'il faisait ses visites à l'Académie. Pourquoi n'était-ce pas l'Académie qui lui faisait ses visites?

Le second homme célèbre du voisinage, c'était Rossini. Je me demandais sérieusement s'il fallait une pareille surface pour avoir de l'esprit.

J désespérais d'en avoir jamais, moi qui étais diaphane. Mais je me rappelais M. Auber, un

autre diaphane, qui ne me parlait jamais sans
dire un mot spirituel.

Ce pauvre rez-de-chaussée était égayé par un
jardinet grand comme la main, qui avait pour
toute forêt un abricotier et pour toute fontaine
l'eau de la gouttière. Les oiseaux y chantaient,
mais c'étaient des canaris dans une cage dorée.

Ma mère vécut là comme dans l'île Saint-
Louis, avec quinze cents francs de rente, oubliant
un passé luxueux, se consolant en Dieu, toute à
ses trois enfants, mon frère qui allait partir pour
l'école de Brest, ma sœur qui était toujours à
Saint-Denis, enfin moi, la dernière venue.

Je ne quittais jamais ma mère, hormis pour
aller jouer quelquefois avec mes cousines rue de
la Cerisaie.

Je n'allais plus à Saint-Cloud.

Ma mère, qui m'avait appris à lire, m'apprenait
à écrire.

A quoi bon? J'ai lu de mauvais livres et voilà
que j'en écris un !

Mon bel ami Gaston de Foix avait tout tenté
pour me rejeter dans un autre piége. Mais j'étais
farouche comme une biche; je fuyais au fond
des bois, c'est-à-dire dans les bras de ma mère

ou sous l'abricotier de notre jardin. Il osait me pourchasser jusqu'à ma porte, poussant la passion jusqu'au sublime : il montait avec moi dans l'omnibus !

Je pressentais qu'un jour où l'autre je finirais par tomber dans ses bras, mais j'éprouvais je ne sais quel vif plaisir à résister à moi-même.

Eh bien ! je ne tombai pas dans les bras de mon cher Gaston de Foix. Je trouvais que j'étais vertueuse en bravant mon amour et mon amoureux.

Mais un jour que je n'eus pas le temps de réfléchir je succombai bêtement comme si le hasard eût été maître de moi.

Que dis-je le hasard ! ce fut l'orgueil. L'orgueil perd plus de femmes que l'amour même.

Jour néfaste ! Je sortais du Conservatoire par un temps brumeux, pensant à m'acheminer place de la Bourse pour prendre l'omnibus de Passy, furieuse déjà de tremper mes jolies bottines, — car j'étais toujours bien chaussée, — dans l'horrible boue parisienne.

Un petit coupé à deux chevaux était arrêté à la porte du Conservatoire ; les chevaux étaient si fiers, le coupé était si joli, que tout en ouvrant mon parapluie je m'arrêtai à regarder ces merveilles.

Une de mes amies passait.

— C'est le coupé du comte, me dit-elle; vois-tu la couronne?

— Le comte de qui? le comte de quoi?

— Le comte de rien du tout : on ne sait pas son nom. C'est l'amant de la petite Eugénie.

— Je croyais qu'elle n'allait qu'en fiacre.

— Tu vois? il l'attend. Nous n'aurons jamais cette veine-là. Et pourtant nous avons de la figure et de la jambe.

Disant cela, mon amie s'en alla en dansant.

Pourquoi étais-je restée sur le trottoir? C'est que le comte avait avancé la tête pour me voir, c'est qu'il avait descendu la glace, c'est qu'il m'avait souri d'un œil diabolique.

Je souris moi-même. Ce que voyant, le comte ouvrit la portière et me fit signe de monter.

Pourquoi montai-je sans faire de façons? Est-ce parce qu'il pleuvait? Est-ce parce que le comte avait un grand air? Est-ce parce que je trouvais drôle de laisser mon parapluie à Eugénie?

Je n'en sais plus rien aujourd'hui.

Or voici ce qui arriva.

Le comte conquit mon esprit. Mon cœur était encore à Gaston. Mais le comte parlait d'or, il répandait je ne sais quel fier parfum d'aristocratie, il savait tout, il me semblait qu'il avait mille petites clefs d'or pour ouvrir une imagination.

Et puis ses chevaux allaient si bien et son coupé était si bon !

Je voulus lui demander où nous allions, mais je compris que cela ne me regardait pas.

Nous montions les Champs-Élysées. Nous dépassâmes l'Arc-de-Triomphe, nous suivîmes la grande avenue de Neuilly. Bientôt je reconnus l'ancien parc, parsemé aujourd'hui de jolies villas, que dis-je ? de châteaux.

Tout près de la Seine, là même où fut le palais du feu roi, les chevaux s'arrêtèrent devant un petit hôtel style Louis XIII, bien ombragé, bien caché, bien perdu ; le lierre masquant déjà toutes les grilles.

Le comte sauta à terre et me donna la main pour descendre.

Sur le perron nous vîmes venir une gouvernante, forte en couleur ; quarante ans, femme de tête.

— Monsieur le comte dîne ici? demanda-t-elle.
— Oui, répondit-il.
— Monsieur le comte couche ici? reprit-elle.
— Demandez cela à mademoiselle.

Et le comte ajouta avec une grâce parfaite :

— Mademoiselle, je ne sais pas votre nom, cela m'est égal, je ne vous dirai jamais le mien. Qu'importe? Vous êtes ici chez vous. La maison, les arbres, la fontaine, un cheval de selle qui s'appelle Mustapha, un petit bateau sur la Seine, qui s'appelle *Vol-au-Vent*, tout ce qui est dans la maison avec un crédit de vingt-cinq mille francs chez Worth.

Je me croyais dans un conte de fées avec des décors du Châtelet.

— Et maintenant, reprit le comte, puisque vous êtes chez vous, mademoiselle, donnez des ordres. Tout le monde vous obéira, jusqu'à moi.

— Eh bien, monsieur, embrassez-moi!

VI.

LA VIE CLAUSTRALE.

Le diner ne fut pas féerique, mais ce n'était pourtant pas un dîner frugal.

J'essayai de pénétrer tout ce mystère, mais le comte me répondait toujours par des plaisanteries ou par des sentences. Il s'amusait de ma surprise et de ma curiosité, mais il avait trop d'esprit pour me dire le mot-à-mot.

Le soir, il me conduisit à la barque. Comme le temps était toujours mauvais, je ne voulus pas me hasarder sur l'eau. Nous revînmes au jardin, où nous nous promenâmes malgré la pluie.

— Cela m'apprendra, dis-je au comte, d'avoir laissé mon parapluie à Eugénie !

— Elle vous rendra cela, me dit-il en riant.
Mais il n'ajouta pas un mot.

Le lendemain il me quitta de très-bonne heure.

— Je voudrais, me dit-il, pouvoir vous laisser mes chevaux et ma voiture, mais je ne monte jamais en omnibus. Si vous savez monter à cheval, allez vous promener au Bois avec Mustapha; si vous ne savez pas monter, promenez-vous dans les allées voisines. C'est une bonne bête qui ne vous jettera par terre que si vous l'excitez. Vous trouverez ici une amazone à peu près à votre taille.

Et il sourit comme s'il songeait à celle qui m'avait précédée là.

Toute petite j'avais monté à cheval avec mon frère; je n'avais pas monté depuis; mais je n'ai peur de rien : ce jour-là même je me hasardai sur Mustapha dans les avenues du parc de Neuilly.

— Quand reviendrez-vous? avais-je demandé au comte.

— Ne m'attendez jamais, peut-être aujourd'hui, peut-être dans huit jours.

Je ne trouvai pas cela bien gai, mais il n'y

avait plus à réfléchir. Il fallait bien m'accommoder de cette nouvelle existence ; j'étais d'ailleurs aiguillonnée par la curiosité.

Et puis j'avais déjà écrit à Worth !

En moins de trois jours je fus métamorphosée au point de ne plus me reconnaître moi-même.

Quand j'eus une amazone bien à moi, j'allai au Bois de Boulogne avec Mustapha.

Je reconnus le comte qui se promenait à pied avec Khalil-Bey et M. Auber. Il me fit un petit signe et sembla me dire qu'il viendrait ce jour-là.

Il vint avec Khalil-Bey, ils dînèrent avec moi et m'emmenèrent aux Variétés voir Mlle Schneider. Dans l'entr'acte je me risquai de demander à l'ouvreuse si elle connaissait le comte.

— Oui et non, me dit-elle, c'est un russe dont je n'ai jamais pu prononcer le nom.

A minuit, le comte revint avec moi et fut trois jours sans me quitter. Il me fit des compliments sur mes robes et sur mon esprit. Le lendemain, comme il m'entendait chanter au piano, il me proposa de me faire engager dans un théâtre de genre.

— A propos, me demanda-t-il, ne regrettez-vous pas le Conservatoire ?

— Non, Dieu merci! lui répondis-je, je ne suis pas née pour danser.

Trois mois se passèrent dans cette vie quasi claustrale. Le comte venait çà et là, nous nous promenions sur l'eau, nous rêvions dans le jardin, nous lisions beaucoup. J'allais à peine à Paris, une fois par semaine, pour le spectacle.

Quoique j'aimasse beaucoup mon cheval, je n'allais pas au Bois tous les jours. Une paresse invincible m'avait prise des pieds à la tête. Je vivais horizontalement.

Je pensais beaucoup à ma mère; je lui avais écrit, elle ne m'avait pas répondu. Une seule fois, ma sœur était venue me voir et m'avait conté l'indignation et le chagrin de maman.

Il y a des filles qui font bon marché de leur mère, mais je n'ai jamais pu oublier. Quoi que je fisse, la figure de maman était toujours là grave et triste qui me disait : « Qu'as-tu fait de toi-même? »

VII.

QU'EST-CE QUE LE BONHEUR ?

LE comte était un original de haute volée. Il me fut toujours impossible de savoir son nom. Tout le monde l'appelait *Monsieur le comte* ou *mon cher comte*. Je n'osais interroger ses rares amis et j'avais beau questionner ses domestiques. On était d'ailleurs silencieux autour de moi comme pour se conformer au caractère du comte. Seule Mlle Antoinette, moitié cuisinière, moitié intendante, avait ses heures de commérage.

Selon elle, le comte passait sa vie à faire le bonheur de quelques jeunes filles ; elle connaissait ses habitudes ; elle était bien sûre que s'il ne venait pas tous les jours, c'est qu'il avait d'autres pensionnaires comme moi.

— Il est un peu fou, ajoutait-elle. Tant qu'il vous verra contente, il sera heureux, mais si vous devenez triste, bonsoir, il ne reviendra plus. Il vous laissera ce qui est ici. N. I. ni, c'est fini, ni vent ni nouvelles.

— Et vous? dis-je à Antoinette.

— Moi je connais ses manières. J'irai le retrouver à Paris, et ce sera encore à recommencer avec une autre.

— Il n'est donc pas heureux, lui?

— Non : beaucoup d'argent, mais beaucoup de chagrin. Mal marié, une femme qui a fait des siennes. Pour lui, c'est un personnage, le jour qu'il est obligé de prendre sa figure sévère. Mais les grandeurs l'ennuient, voyez-vous! Il porte son grand cordon parce qu'il faut bien faire quelque chose, mais son meilleur temps est celui qu'il passe avec vous ou avec une autre.

— Avec une autre! Pourquoi me dites-vous cela?

— Parce que vous n'êtes pas jalouse. Laissez-lui payer deux ou trois fois son bonheur, si c'est son bonheur.

Ce que me dit Antoinette me fit réfléchir toute une nuit.

— S'il allait me planter là parce qu'il me trouve triste, je n'en serais pas plus gaie.

Je résolus de lui faire encore meilleur visage ; mais j'avais beau me trémousser quand je voyais apparaître cette grave figure, j'avais le cœur glacé.

Il essayait de sourire, mais son sourire donnait plus de tristesse encore à son expression.

Le plus souvent il était silencieux. Il m'écoutait avec quelque plaisir ; il essayait d'être aussi bête que moi pour lutter à armes égales, mais quoi qu'il fit pour cela, mon esprit gagnait beaucoup dans sa compagnie.

Souvent il m'écrivait des billets de trois lignes où il avait l'art de mettre beaucoup de choses. C'était pour moi d'excellentes leçons. Je voulais lutter de laconisme, je répondais par des billets de six lignes où je parvenais à dire quelque chose. Si je sais écrire un billet, aujourd'hui, c'est à lui que je dois cela. C'est l'homme qui fait la femme.

Rien ne dure de ce qui est bon, ni même de ce qui est mauvais. C'est décidément l'esprit de nouveauté qui fait courir au lendemain. Tant que cette vie étrange fut nouvelle pour moi, j'y trouvai des charmes, même les jours de mélancolie. Mais je finis par m'apercevoir que c'était toujours à recommencer. Le même lit, la même table, le même cheval, le même bateau, le même jardin, le même hamac.

Les belles roses que j'aimais tant étaient toujours de la même couleur, il aurait fallu qu'elles devinssent bleues pour m'amuser.

Je changeais bien la couleur de mes robes, mais quand j'allais au Bois, je ne connaissais personne; c'est pour les yeux qui vous connaissent qu'on veut être belle.

Et d'ailleurs, le plus souvent, je n'allais au Bois qu'en amazone. Il m'envoyait à peine une voiture une fois par semaine : c'était un petit coupé sans armoiries, traîné par un cheval noir qui, les autres jours, traînait sans doute mes rivales.

Un matin, l'ennui me prit violemment. Je pensais souvent à ma mère et à ma sœur. Ce matin-là je me mis à pleurer.

— Encore, dis-je, si ma mère venait me voir, ou si j'allais la voir !

Mais je savais bien que ma mère ne me pardonnerait pas d'être si bien logée, ni si bien habillée.

Je regardai l'hôtel, je regardai le jardin, j'ouvris ma chambre à robes, je jouai avec mes bijoux comme une petite fille.

— Et pourtant, dis-je, tout cela est à moi !

Et après un silence, j'ajoutai :

— Oui ! mais tout cela m'ennuie.

Je pensai au comte.

— Il va venir encore avec sa figure glaciale ; il faudra que je sois gaie, il faudra que je chante et que je rie. Ah ! si j'avais du cœur !

VIII.

MUSTAPHA.

Je fus saisie d'une de ces belles résolutions qui sont une phase ou une crise de l'existence.

Je défis ma robe de chambre et je m'habillai de la robe la plus simple qui fût là : une robe de cachemire noir que je mettais pour mes promenades sur la Seine. Pas un bijou. Un chapeau de dentelle noire, les cheveux en bandeau.

Pour jouer mieux la simplicité, je pris un parapluie.

— Adieu ! dis-je, en jetant un regard perfide dans l'appartement.

— Où allez-vous ? me demanda Antoinette.

Dans le jardin ? Un parapluie par un si beau soleil !

— C'est un parasol, lui dis-je.

Et j'allai droit à l'écurie.

Là je fondis en larmes. Mon cheval était ce que j'aimais le plus dans la maison.

— Adieu ! mon cher Mustapha.

Un peu plus je restais pour lui. Je l'embrassai vingt fois, il parut me comprendre et me dit adieu en hennissant.

Et quand j'eus dépassé la grille :

— Où aller ?

J'allai droit à la grande avenue de Neuilly pour prendre l'omnibus, plus fière que si j'étais montée dans un carrosse à quatre chevaux.

C'est que je me sentais redevenue digne de moi et de ma mère. Je reprenais ma liberté. Je ne vivais plus sous le bon plaisir d'un chercheur de distractions.

Et pourtant je n'osais pas aller encore chez maman, quoique j'eusse pris à l'Arc-de-Triomphe l'omnibus de Passy.

Dans je ne sais plus quel vieux roman de Marivaux, qui passe pour un précieux et qui trouve les mots les plus simples, l'héroïne ne sachant où aller s'écrie en voyant passer des filles de son âge : « Elles sont bien heureuses ! quelqu'un les attend. »

Ce mot parti du cœur me revint à la mémoire quand je me trouvai seule descendant de l'omnibus. Deux jeunes filles descendaient comme moi. Elles étaient gaies, elles avaient chacune un bouquet à la main, elles paraissaient avoir hâte d'arriver.

— Elles sont bien heureuses ! dis-je tristement, quelqu'un les attend.

Je les suivis involontairement, tout en me demandant comment j'aborderais ma mère.

Tout à coup une porte s'ouvre toute grande, une femme paraît sur le seuil ; les deux jeunes filles se jettent dans ses bras.

— Elles sont bien heureuses ! dis-je encore.

Je me sentais la plus abandonnée des créatures de la terre ; l'héroïne de Marivaux n'est pas abandonnée du ciel, tandis que moi j'étais abandonnée de Dieu lui-même. J'avais lâchement foulé aux pieds l'honneur de ma famille. Pour la vanité de monter dans une voiture, j'avais sacrifié mon cœur, ma vertu, ma religion.

Pour la première fois je jugeais bien de mon

indignité, j'aurais voulu mourir pour être cachée sous terre.

J'entrai dans un café abandonné et j'écrivis ce mot à ma mère :

« Maman,

« Je reviens bien triste et bien malheureuse.
« Veux-tu me pardonner? »

J'envoyai ma lettre par un auvergnat qui me rapporta cette réponse :

« Je t'attends depuis six mois. »

IX.

L'ENFANT PRODIGUE.

CE fut avec une bien vive émotion que je franchis le seuil de ce petit jardinet de Passy, où j'avais été si heureuse sans savoir que le bonheur était là.

Tout fut un reproche pour moi, les arbustes que dépouillait l'automne, les feuilles jonchant cette pelouse en miniature, les quelques fleurs d'octobre qui déjà mouraient de froid; tout me reprochait mon ingratitude avec des airs de désolation.

J'aurais déjà voulu pleurer, mais je retenais mes larmes.

Ma mère à la fenêtre me vit dans le jardin;

elle fit un pas vers moi, mais elle s'arrêta comme pétrifiée. Je courus, je me jetai dans ses bras, j'éclatai en sanglots, je tombai agenouillée.

— Maman, si tu savais comme je suis punie!

Elle, pas un mot. Elle ne pouvait ni pleurer ni parler. Et puis, comme elle ne voulait rien savoir, elle aimait mieux faire le silence.

Ce silence me tuait. J'aurais voulu pouvoir tout dire, répandre mon cœur, confesser ma faute. Ah! j'ai bien compris ce jour-là la confession.

Toutes les femmes naissent avec le grain d'impiété de leur première mère. Ce grain pousse dans le cœur et fleurit, ce n'est qu'après les premières larmes de la passion qu'elles se réfugient en Dieu et qu'elles aiment l'Église.

Voilà pourquoi Madeleine repentante sera toujours le plus beau symbole de la pécheresse.

C'était l'heure du déjeuner. On se mit à table, cette petite table frugale qui me souriait plus que toutes les agapes de l'orgie. Je vois encore ce déjeuner; ma mère n'avait pas tué le veau gras pour l'enfant prodigue : un œuf frais, une côtelette, quatre noix et une grappe de raisin coupée en deux.

Nous ne nous disions toujours rien. Je regardais maman à la dérobée, n'osant la regarder en face. A chaque instant je voulais me lever pour me jeter encore sur son cœur, mais je n'osais, tant je sentais que je ne méritais plus cette hospitalité.

Et pourtant rien n'était changé dans la maison. Tout était à sa place et gardait sa physionomie. Le soleil jouait à travers les rideaux ; le coucou se montrait gaiement en sonnant l'heure ; les vieilles gravures représentaient toujours la vie d'Atala et Chactas, comme celle de Paul et Virginie.

Voilà que tout à coup je tressaille sous le battement d'aile d'un oiseau. C'était le pierrot que j'avais apprivoisé, mon cher petit Touchatout, qui venait becqueter jusque sur mes lèvres.

J'avais oublié cet ami-là. Ce fut avec une vraie joie que je le revis criant sa gaieté, sautillant sur la table et sur mon épaule. Comme je me tournais vers lui, il avança le bec et me baisa le plus doucement du monde.

Le gourmand ! il lui fallait de tous les régals.

Je le caressai tout en pleurant ; cette fois, ma mère qui s'était contenue pleura aussi.

La parole nous revint à toutes les deux.

Je lui dis tout presque malgré elle. Elle me conta sa vie pendant mon absence ; elle m'avoua que pas une nuit ne s'était passée sans qu'elle m'attendît. Elle n'avait jamais tant écouté sonner les heures nocturnes.

— Enfin ! dit-elle comme dernier mot, la vie de la mère pauvre est un calvaire, mais j'ai de la religion et Dieu me soutient.

Après le déjeuner, comme j'ouvrais je ne sais plus quel livre, maman, qui s'était mise à son secrétaire, me dit, en me passant un parchemin :

— Tiens, puisque tu veux lire, lis cela.

Cela c'était toute l'histoire de ma famille.

Tout le monde se rappelle cette admirable scène des ancêtres de Hernani. Ce fut pour moi le même tableau ; je vis se dessiner, sous le costume de chaque temps, les nobles figures qui ne nous ont laissé pour tout héritage que leur vaillance.

Voici ce parchemin qui me condamne :

BREVET DU ROI

PORTANT CONCESSION DU TITRE DE COMTE EN FAVEUR DE CHARLES DE *** ET DE SES DESCENDANTS.

Du 7 octobre 1787, à Versailles.

Aujourd'hui, septième du mois de juin mil sept cent quatre-vingt-cinq, le roi étant à Versailles, Sa Majesté s'est fait rendre compte des considérations que réunit en sa faveur le sieur Charles de ***, colonel en son régiment. Sa famille, dont la noblesse remonte à des temps très-reculés, est alliée aux maisons les plus distinguées, notamment à celles des de Doncourt, de Toisy, de Trémont, de Saint-Maurice-Lambré, et de du Châtelet. Antoine de *** fut en 1557 nommé gouverneur des ville et château de Compiègne. Pierre de ***, qui servait, en 1641, en qualité de capitaine au régiment de Bretagne, eut au combat d'Honnecourt, en Picardie, le bras emporté d'un coup de canon, après avoir reçu plusieurs blessures dans d'autres rencontres. Antoine de ***, qui parvint au grade de général en 1657, a rendu à la France les services les plus importants : en 1651 il fut nommé maître des postes et côtes du Roussillon; en 1667 il reprit sur les Espagnols plusieurs villages dont ils s'étaient emparés; en 1668 il leur fit lever le siége de Bellegarde; en 1672 il contribua à la prise du fort Nimègue; il se signala aux batailles de Seintzeim et Enseim, qui se donnèrent en 1674; enfin, en 1675, il fut tué à celle de Turckeim, où il commandait l'aile droite de l'armée. Appelé aussi par l'exemple de ses ancêtres dans la carrière des armes, le sieur de ***, comme eux, s'y est signalé par son héroïsme. Tels sont les motifs qui la déterminent à l'honorer d'un titre qui soit pour lui une marque de son estime, et pour ses descendants une invitation de marcher sur ses traces. En conséquence, Sa Majesté a fait et créé, et, par le présent Brevet, fait et crée comte ledit sieur Charles de ***, ensemble ses enfants et descendants en ligne directe, nés et à naître en légitime mariage. Leur permet de se dire et qualifier comtes en tous actes et endroits, tant en jugement que hors de jugement, sans qu'ils soient tenus d'affecter le titre de comte à aucune terre, ni d'en faire ériger pour cet effet en comté; de quoi Sa Majesté les a dispensés, à condition que ledit titre et qualité relèvera d'elle et de ses successeurs. Veut en outre, Sa Majesté, qu'ils puissent porter dans leurs armoiries une couronne de comte.

LOUIS.

DE LOMÉNIE C^e DE BRIENNE.

Quand j'eus fini de lire, des larmes me vinrent aux yeux ; je n'osai regarder ma mère.

— Puisque noblesse oblige, lui dis-je en baissant la tête, pourquoi ne m'as-tu pas donné ce parchemin à lire il y a six mois ? Je te jure sur mon âme que je serais encore digne de toi et de tous les tiens.

Qu'allais-je devenir ? Je pris un livre pour prendre conseil du hasard. Je tombai mal, car je tombai sur un volume de vers, et ce volume de vers me donnait tort à chaque page. Par exemple, je me rappelle ce sonnet :

ÈVE.

Quand Dieu créa la femme il lui mit dans le cœur
La soif du bien, la soif du mal. Notre mère Ève
S'éveilla dans la vie, ivre d'air et de sève,
Et marcha sur la terre avec un air vainqueur.

Sous ses yeux les oiseaux chantaient l'amour en chœur,
Le démon la surprit dans le charme du rêve.
Il l'attaqua de front, sans un instant de trêve,
La dominant déjà d'un sourire moqueur.

Elle écoutait parler Satan, la curieuse,
Et tour à tour surprise, inquiète et rieuse,
Elle regardait l'arbre et le fruit défendu.

Elle mordit bientôt à cette pomme amère,
Le Paradis devint le Paradis perdu.
Mais n'accusez pas Ève : où donc était sa mère ?

J'étais une fille d'Ève, mais je n'accusais que moi, puisque j'avais une mère.

X.

LA VIERGE AU LINGE.

Dans l'après-midi, comme j'étais assise auprès de maman qui s'était remise à coudre selon son habitude, je la vis tout à coup s'endormir : les émotions l'avaient brisée comme moi. Elle ourlait une serviette de toile de Hollande un peu rude. Cette toile sévère et vierge me faisait plaisir à voir.

Dès que je vis maman endormie, je lui pris doucement la serviette et je continuai l'ourlet. On avait dit que j'avais des doigts de fée.

Il n'y avait pas cinq minutes que je cousais d'une main un peu fiévreuse, quand maman ouvrit les yeux. Elle sourit tristement :

— Laisse donc là mon aiguille, elle te piquerait, dit-elle en voulant reprendre la serviette.

— Non! c'est bon de travailler.

— Si tu étais sérieuse, tu ne retournerais pas au Conservatoire. C'est une mauvaise école; j'aimerais mieux te voir chez quelque bonne lingère, puisque tu as toujours aimé le beau linge.

— Oh! oui! m'écriai-je, le linge c'est beau, c'est pur, c'est blanc.

— Eh bien! je connais une maison de la rue de la Paix où tu seras bien reçue si je t'y conduis, car il y a là de la reconnaissance pour nous à cause de mon père, parce qu'il y a eu un marin dans la famille.

Je suppliai maman de me conduire rue de la Paix le soir même. Je sentais que je ne serais pas maîtresse de moi si je passais quelques jours dans le désœuvrement.

Je fus bien accueillie, quoiqu'on me trouvât coiffée avec trop de coquetterie. C'est un couvent que cette maison.

On m'avertit que je ne sortirais que le dimanche après l'heure de la messe jusqu'à minuit.

Jusqu'à minuit, c'était trop.

Pendant les premiers jours, je me passionnai pour ce musée de toiles de tous les pays. Comme je savais dessiner, j'éprouvais un vrai plaisir à regarder les broderies, les arabesques, les chiffres, les ornements ; c'était pour moi une volupté indicible de passer mes mains sur toute cette neige. Plusieurs jeunes fiancées vinrent pendant que j'étais là ; je les jugeais plus heureuses de choisir leur trousseau que de choisir leurs bijoux. Pour moi le vrai luxe de la femme, c'est le linge.

J'étais si extravagante dans mon amour, qu'on me surnomma bientôt la « Vierge au linge. »

Par malheur, la « Vierge au linge » se hasarda le troisième dimanche à Mabille.

C'est le plus souvent un mauvais jour que le dimanche à Mabille. On n'y rencontre que des robes lamentables, des familles égarées, quelques cuisinières bourgeoises et quelques courtisanes mélancoliques.

Mais ce soir-là tout le beau monde des courses avait rabattu à Mabille.

Je fus assiégée peut-être parce que j'étais jolie, sans doute parce que j'étais inconnue.

J'eus beau me draper dans ma fierté plus ou

moins héraldique, les turfistes étaient de si haut goût dans leurs folies que je finis par rire et babiller.

— Il ne sera pas dit, s'écria l'un d'eux, que nous ayons dressé nos batteries pour rien.

— Vos batteries, dis-je en montrant les cuisinières qui passaient, ce sont des batteries de cuisine.

Et autres folies du même goût.

Cependant il était onze heures et demie : je m'envolai. A la porte je me jetai dans un fiacre en criant : « Rue de la Paix ! »

Je m'aperçus bientôt que le fiacre avait deux cochers au lieu d'un, mais tout au souvenir de la soirée, je ne songeai qu'à ces figures de jeunes fous et de jeunes folles qui venaient de m'apparaître comme dans une comédie.

La voiture s'arrêta. Un des cochers sauta sur le trottoir pour me donner la main. Je n'avais jamais vu un cocher si galant.

C'était le vicomte ***, fils d'un sénateur, un blond irrésistible.

Je le reconnus.

— Voyez, me dit-il, je descends jusqu'à monter sur le siége pour vous décider à venir avec nous.

Ce beau trait, digne de la morale en action, m'avait vaincue.

J'allai souper avec toute la joyeuse compagnie, bien résolue, d'ailleurs, à rester toujours la Vierge au linge.

Mais les montagnes de Saxe et de Hollande n'étaient plus là pour me préserver.

Toutefois, honni soit qui mal y pense.

J'avais ce soir-là trois ou quatre amoureux, ce fut peut-être ce qui me sauva.

XI.

UN DÉJEUNER NUPTIAL.

Le jour commençait à poindre quand ces dames et ces messieurs décidèrent qu'on irait déjeuner à Madrid.

Je riais, mais j'étais triste. Je sentais que j'avais tout reperdu.

Retournerai-je chez ma mère? Irai-je rue de la Paix?

Je pouvais encore me sauver; mais la curiosité qui m'avait décidée à souper, me décida à déjeuner. Pourquoi ne l'avouerai-je pas? Je me sentais quelque goût pour le vicomte***.

Je ne lui pardonnais pas de parler aux femmes avec quelque brutalité, mais pourtant, comme il me parlait avec beaucoup de douceur, je le trouvai charmant. J'aurais d'ailleurs été jalouse qu'il parlât à ces dames comme il me parlait à moi-même.

Son coupé l'avait attendu.

Il me fit monter et se jeta à côté de moi.

— Ce n'est pas de jeu, lui dit un de ses amis, c'est moi qui l'ai découverte, si tu me la prends, je te donne un coup d'épée.

— Cet idiot! murmura la vicomte, il va me forcer à vous aimer.

Ce n'était pas le seul qui prétendît avoir des droits. Le marquis de C — aujourd'hui retiré du monde — avait rimaillé un rondeau sur mes charmes.

Le vicomte m'avait pris la main.

— Après tout, dit-il, on ne serait peut-être pas malheureux avec toi! Tu as de la gaieté et du sentiment. Si jamais je prends une maîtresse, j'irai frapper à ta porte.

— Oui! mais je n'ouvrirai pas.

— Allons donc! Si je t'offrais seulement mille francs par mois, mon coupé trois fois par semaine, un joli bois de rose pour te nicher.

Je me mis à sourire.

— Vous me croyez donc dans l'acajou? Sachez, mon cher, que j'ai refusé mieux que cela. J'ai eu une fortune à mes pieds, un mobilier de cent mille francs, quatre chevaux, de l'or plein les mains.

— Elles disent toutes cela.

— Je ne sais pas si toutes le disent, mais je sais bien que j'ai abandonné une fortune.

— Pourquoi donc?

— Parce que je m'ennuyais.

— Eh bien! moi, je t'aimerai et je ne te donnerai pas d'argent.

— J'aime mieux cela.

Quand on voit lever l'aurore, on redevient vertueux.

Le vicomte rentra en lui-même et il eut un quart d'heure d'expansion : il me confessa ses folies. Il avait mangé la fortune de sa mère; il ne lui restait plus guère que sa figure et son esprit. Lui aussi s'ennuyait; il avait vingt fois trahi ses maîtresses, ses maîtresses l'avaient trahi dix fois. Il ne comprenait pas cela. Il voulait à tout prix pleurer avec moi.

En arrivant à Madrid, il me jurait que si je voulais l'aimer il planterait là sa Coralie.

— Jamais ! lui dis-je.

Et je lui racontai comment j'étais devenue la plus sérieuse des lingères de Paris.

On déjeuna.

Je me promettais toujours secrètement de revenir rue de la Paix.

Comment se fit-il que je revins rue de la Pépinière?

C'est peut-être parce que le vicomte demeurait là.

C'en était fait, je ne devais plus retourner chez ma mère. J'avais franchi le cercle fatal ; maman m'avait pardonnée une fois, mais mes larmes n'auraient pu la désarmer.

Et d'ailleurs, le dirai-je, je n'avais plus envie de pleurer. La folie m'avait envahie de la tête aux pieds, comme si je me fusse jetée dans le royaume de la fée Tapage.

La fée Tapage ! un quadrille d'Olivier Métra, un des deux ou trois musiciens de ce temps-ci. La fée Tapage! j'arrive à mon triomphe dans ma chute.

Un soir que nous avions dîné en gaie compagnie, on proposa d'aller à Mabille.

On fit une entrée abracadabrante. Je ne me

sentais pas marcher, tant le vin de Champagne et la musique m'avaient transportée.

A Mabille, il y a les promenoirs, le champ de bataille de la danse et le salon des causeries. Dans le salon, ce fou de *** me prend par la ceinture et me fait pirouetter sur une valse de Métra, le *Tour du Monde*.

Oui, le tour du monde, je l'ai fait ce soir-là. Un grave professeur de danse, M. Markowski, si je puis m'exprimer ainsi, me proposa de valser sous l'orchestre. Je ne fis pas plus de façon que cela, je me laissai entraîner par M. Markowski, qui avait jugé que j'étais légère, mais qui ne s'attendait pas à trouver une plume au vent.

A peine si je touchais la terre çà et là de la pointe des pieds, renversant la tête et jetant au vent mes cheveux blonds. Il y avait foule autour de moi. Tout Paris était là, je me trompe, M. Leverrier n'y était pas. Et pourtant c'était une étoile qui se levait ! On jetait déjà des bouquets, les Anglais criaient hurrah ! les Allemands ne disaient rien, mais songeaient sans doute que je venais du pays des légendes.

— Vous avez étudié ? me demanda bravement M. Markowski.

— Oui, lui dis-je, j'ai appris la grammaire.

Comme il ne comprenait pas, il redoubla d'emportement. Tout à l'heure, mes pieds effleuraient la poussière, maintenant mes pieds éteignaient les cigares des curieux. Des cris enthousiastes remplissaient l'air, les bouquetières n'avaient plus de bouquets, au dernier mouvement de la valse — monsieur Markowski — me jeta dans l'orchestre des musiciens, comme il eût fait d'une robe blanche ou d'un châle de l'Inde.

Il n'y avait pas là que des Anglais et des Allemands, il y avait toute une élite de gens du monde et de journalistes.

— Comment s'appelle-t-elle ? se demandait-on à haute voix.

— Comment elle s'appelle? dit M. Delaage-d'Or, pardieu elle s'appelle Ophélie !

Je fus baptisée pour la seconde fois de ma vie par ce prophète de toutes les étoiles.

Mais moi, comme je ne voulais pas donner à mes folies mon nom de *Caroline de Fourcault*, je me baptisai d'un nom bien simple : Je dis à tout le monde que je m'appelais *Marguerite Aumont*, ne voulant pas attacher des grelots à ma personnalité.

Léon Gozlan, qui avait laissé éteindre son cigare de Tolède, Aurélien Scholl qui promenait une comédienne illustre, Nestor Roqueplan qui aimait l'opéra en plein vent, Xavier Aubryet, autre paradoxe à perte de vue, et Paul Baudry, et Champfleury, et Bertall, et le prince Lubomirsky, et un duc en os, et un comte en off me prièrent de danser un menuet.

Danser! Est-ce que je savais danser? Mes pointes du Conservatoire n'avaient que faire là.

Danser à l'Opéra, c'est le monde connu! Qui ne danse à l'Opéra? Mais danser à Mabille! devant de tels spectateurs, c'est à avoir le vertige. A Mabille, il faut créer sa danse, inventer des pas nouveaux, être imprévue, jeter çà et là un mot spirituel ou drôle. Et puis créer toujours, ne pas se répéter, aller crescendo, être ruisselante d'inouïsme pour devenir ruisselante de diamants.

Je me hasardai, je tentai toutes les folies, je donnai un coup de pied dans tous les cigares allumés, je décoiffai trois ou quatre bourgeois ébahis, je menaçai toutes les étoiles de ma bottine.

Les Anglaises se couvrirent la face, les Parisiennes applaudirent, mes amis de tous les mondes, car j'avais déjà des amis sans nombre, me jetèrent des bouquets à grande volée.

Mon triomphe fut tel qu'Alice la Provençale, une danseuse originale celle-là, déclara que j'étais incomparable et me jeta aussi un bouquet.

Je crois que je m'enrichis pareillement des bouquets de Mlle Léonide Leblanc, de Marie Colombier, d'Anna Deslions, de Cora Pearl et autres célèbres comédiennes de toutes les coulisses qui ce soir-là passaient leur entr'acte à Mabille.

Je ne m'étonne que d'une chose aujourd'hui, c'est que cela m'amusa beaucoup et que pendant toute une saison, je dansai et je valsai comme si je n'avais que cela à faire.

On dit que pendant les dernières années de sa vie, Alfred de Musset eut toujours une petite pointe de bière-absinthe. C'est mon histoire ; j'ai toujours une petite pointe de danse et de valse au bout des pieds.

XII.

LA COMÉDIE ESPAGNOLE.

La femme galante n'a le plus souvent de vraies passions que pour l'amoureux qui s'appelle M. Tout le Monde.

C'est l'amour de la commandite, c'est la pêche aux actionnaires. Aussi on peut dire de leur mobilier, de leur toilette, de leur fortune, que c'est l'histoire des Mille et une Nuits.

Mais je n'ai jamais connu M. Tout le Monde. J'étais comme cette Anglaise qui aimait mieux être abandonnée à la mer que d'être sauvée par un nageur qui ne lui avait pas été présenté.

Ainsi que la vertu l'amour a ses degrés.

Un Espagnol très-riche me proposa un soir aux Italiens, — il était mon voisin à l'orchestre, dans le cercle des amoureux de la Patti, — de faire ma fortune si je voulais faire son bonheur. J'avais toute la matinée entendu le coup de sonnette des créanciers ; je n'avais plus qu'un cheval et un panier : je pressentais qu'il me faudrait bientôt aller à pied !

Je refusai stoïquement.

Et pourtant l'Espagnol était un vrai gentilhomme qui parlait d'or.

J'étais furieuse contre mon bégueulisme, mais j'éprouvai plus de plaisir à me prouver que j'étais maîtresse de moi, même quand je n'avais pas le sou.

Il me fallait toujours je ne sais quoi de romanesque.

Si l'Espagnol m'eût donné rendez-vous à Tolède ou à Séville, je crois que j'y serais allée ; je n'aurais sans doute pas fait de façon pour partir avec lui ; mais aller du théâtre Italien au café Anglais, c'était trop court. Mais aussi aller de Paris à Tolède ou à Séville, c'était sans doute trop long pour mon Espagnol.

Vint la saison des bains de mer. J'allai passer

quinze jours à Biarritz, la seule baignoire bien taillée par l'océan, — comme dirait mon ami — Pierrot au clair de la lune.

Un matin, comme j'allais pour me baigner, je rencontrai mon Espagnol.

— Ah! vous voilà, — me dit-il, — quelle bonne fortune!

Cette fois, sur ce rivage quasi étranger, tant c'est loin du boulevard des Capucines, l'Espagnol m'apparut comme un ami. Un peu plus, je me jetais dans ses bras.

— Quel malheur, — reprit-il, comme s'il voyait s'épanouir un rêve, — je ne suis pas seul ici.

— Montrez-moi-la donc, — lui dis-je ; — pour que je la jette bien vite à la mer.

— Chut! — dit l'Espagnol, — la voilà qui vient.

Il me salua et alla au-devant d'une dona, qui me rappela vaguement la Marqueza d'Amaëguï,

Pâle comme un beau soir d'automne.

Oh! cœur humain! j'étais jalouse; mais comme je n'ai pas l'habitude de me jeter à la traverse du bonheur des autres, je passai mon chemin.

J'étais à quelques pas de l'Espagnol et de sa

maîtresse, quand il me salua et me conduisit la dona pour me la présenter.

— J'ai dit à madame que vous étiez une des étoiles du beau ciel de Paris. Madame veut vous connaître et dîner avec vous.

Je regardai la maîtresse espagnole. Il ne lui restait plus de l'Espagne que les yeux, tant elle s'était métamorphosée à la française. Son chignon était un poëme épique avec ses frisures, ses enroulements, ses tresses, ses chaînes, ses rubans et ses perles. Toute la femme, d'ailleurs, était un monument avec sa guirlande de scarabées, avec ses traînes à la grecque, ses gants rouges, ses bottines jaunes et tout le tra-la-la parisien. Ses admirables cheveux noirs étaient teints en blond fauve. Peinte était sa figure,—noir aux yeux,—pourpre aux lèvres. J'étais fière de sortir de l'eau et d'être redevenue naturelle. Les vagues m'avaient si bien baisé la figure qu'il ne me restait pas un atome de blanc.

La dame s'efforçait de parler le français des Pyrénées — français des basques espagnoles, comme dirait l'Académie. Son amant lui avait dit que j'étais la première danseuse de l'Opéra, ce qui m'humilia un peu.

Je compris bientôt que j'avais devant moi une des reines du demi-monde espagnol; une ci-devant femme du monde qui aimait mieux avoir plusieurs amants qu'un seul mari.

Après quelques paroles vagues, je voulus m'en aller.

— Non, me dit l'Espagnol, nous allons faire tous les trois une promenade en mer, sur ce petit yacht qui m'attend.

Et il montra du doigt une barque toute pavoisée que j'avais déjà remarquée.

Partir, c'est toujours amusant, même sur mer. Je voulus bien être de la promenade.

Deux minutes après, je sautai gaiement dans le yacht. L'Espagnol, après m'avoir donné la main, exécuta une manœuvre si rapide que le yacht prit le large avant que la dona, tout occupée de ses jupes, toute aveuglée par ses cheveux, eût pu descendre à son tour.

Elle poussa un cri, je poussai un cri, l'Espagnol poussa un cri.

Puis il partit d'un éclat de rire.

— Voyez, dit-il, le vent nous emporte.

Il n'y avait pas un souffle sur les vagues. Mais le matelot qui comprenait, ramait à toute vapeur.

La dona ne voulut pas rire. Elle brisa son ombrelle, nous jeta ses malédictions et s'en alla dans sa dignité comique.

— Comment trouvez-vous cela? me dit l'Espagnol.

— Je trouve, lui répondis-je, que vous connaissez le cœur féminin : pour gagner deux femmes, il faut savoir en sacrifier une.

Où nous conduisit le yacht?

Je n'aime pas les points d'interrogation. Qu'importe, d'ailleurs, puisque j'en suis revenue.

XIII.

LA COUPE EMPOISONNÉE

Je vécus pendant deux ans de cette folle vie. On m'avait donné un coupé et une victoria. Je me levais pour aller au Bois. Je dinais çà et là. Quand je dinais chez moi j'avais toujours du monde, — et du beau monde. — Le soir au théâtre, ou chez Laborde, ou chez ces dames ; à minuit, à la Maison d'Or ou au Café Anglais, — ou au diable.

Il ne faudrait pas s'imaginer que tout se passe gaiement dans cette vie où l'on valse et où l'on soupe. C'est la vie des passions. Or, qui peut empêcher les passions de jouer leur jeu ? J'ai des amies qui ont traversé de vrais drames romantiques.

Qui ne se souvient des coups de poignard de M{^lle} de Grandpré ou de Grandprix, surnommée Poignardinette? Qui a oublié celle qui s'est jetée par la fenêtre? Qui ne se souvient des coups de couteau donnés à Julia dans une avant-scène? Cent autres histoires qu'on pourrait écrire avec le sang des victimes.

Je n'ai jamais eu de goût pour l'horrible. La mort ne m'effraye pas, mais j'ai l'effroi des armes blanches.

Quand je soupais tous les soirs, il me vint un si profond dégoût de la vie, — je veux dire de ma vie — que je résolus d'en finir. Je n'aimais rien, je n'aspirais qu'à l'oubli et au silence.

Que me faisait toute cette joie qui m'environnait, joie bruyante, mais factice? Il y avait trop longtemps que j'entendais dire les mêmes sottises: ce qui m'exaspérait surtout, c'était d'entendre rire cent fois sur le même mot. Oh! l'esprit qui a fait son temps, comme on devrait l'enterrer sans épitaphe!

Je voulais que ma mort fût un petit coup de théâtre; je ne voulais pas m'asphyxier tout bêtement chez moi comme une blanchisseuse abandonnée par un amant: je résolus de mourir au milieu d'un souper à la Maison d'Or, au milieu des rires, dans les fumées du cigare et du vin de Champagne, digne fin d'un tel commencement.

J'emportais une petite fiole de laudanum.

Dès que je me mis à table, je fus saisie d'une gaieté nerveuse qui dépassa le diapason. Je parlais à tort et à travers, débitant à ce qu'il paraît de fort jolies choses, car ces dames et ces messieurs riaient de toutes leurs forces.

Or, on sait qu'on ne rit pas toujours à la Maison d'Or.

Quand le comte de H— prit son chapeau pour aller au club :

— Moi aussi, dis-je, je vais m'en aller.

Je pris la petite fiole et je la versai dans ma coupe de vin de Champagne, tout en ayant l'air de vouloir mettre mes gants.

Un de mes amis de la veille se pencha à mon oreille :

— Veux-tu que je t'emmène chez toi ou chez moi ?

Je ne lui répondis pas.

— Tu ne bois pas, me dit Coralie.

Je pris ma coupe :

— Je porte un toast à mes amoureux !

Je bus jusqu'à la dernière goutte sans sourciller et sans pâlir.

— Et maintenant, messeigneurs, dis-je, vous pouvez chanter mon *De profundis*, car je viens de boire du poison.

Un silence. Silence de mort! Puis tout le monde parla à la fois :

— Est-elle folle! — Ce n'est pas vrai? — Est-ce une peine de cœur? — Est-ce qu'elle a perdu au jeu?

— Puisque je suis morte, ou peu s'en faut, repris-je, faites-moi donc le plaisir de prononcer mon oraison funèbre.

— Qu'on aille chercher un médecin, dit une âme sensible de la compagnie.

— Si on appelle un médecin, m'écriai-je en saisissant une coupe, je brise tout et je me jette par la fenêtre.

— Eh bien! dit ***, qui arrivait du Japon et qui en avait vu bien d'autres, prononçons son oraison funèbre. Elle a vécu avec les sept péchés mortels...

— Chut! dit Coralie, ce serait de l'éloquence en pure perte; elle a versé du poison dans sa coupe, mais je l'ai vue et je lui ai passé la mienne.

Ce fut un des meilleurs moments de ma vie. O instabilité du cœur féminin! J'avais voulu la mort et je ne voulais plus que la vie. J'embrassai Coralie pour cette belle action ; on eut beau me présenter ma coupe empoisonnée, je n'y voulus pas tremper mes lèvres.

Est-ce que les ténèbres du péché sont moins horribles que les ténèbres de la mort?

XIV.

LA VALSE INFERNALE.

Je n'ai jamais eu qu'un goût médiocre pour le Rhin allemand — rive droite. — Les Allemands, quand ils sont beaux, ne savent rien faire de leur figure; quand ils ont de l'argent, ils comptent; quand ils ont de l'amour, ils le gardent.

A Bade, pourtant, j'ai rencontré un Lovelace blond qui avait l'air d'une comète éperdue. Il se hasardait aux paradoxes, il changeait sa bière en vin de Champagne, il dansait avec les princesses russes, il jouait avec les biches, promenant un râteau généreux tout autour de lui.

C'était un Autrichien, ami du prince de Metternich.

Quand je perdais et que j'en étais à mon dernier louis, comme il jouait toujours contre moi — au trente et quarante — il me prouvait que j'avais mis à la rouge si j'avais mis à la noire. On n'est pas plus gentilhomme au jeu.

Quand on est sur le point de perdre la bataille, on accueille les soldats d'où qu'ils viennent.

Tout cela ne m'empêcha pas un jour d'être décavée plus que toutes les décavées.

Il me rencontra sous les arbres devant la Conversation.

— Vous avez tout perdu? me dit-il.

— Tout, même le désespoir.

— Vous allez retourner à Paris?

— Non! Je vais envoyer une dernière dépêche.

— Pour jouer encore?

— Oui; j'ai mon idée. Je veux mettre dix fois cinq louis sur le n° 19.

— Diable! vous allez faire sauter la banque.

— Oui; j'ai aujourd'hui dix-neuf ans et je veux que la banque me paye cela.

— Eh bien! allons-y. Je vais vous prêter mille francs.

— Je vais vous les rendre.

Et nous marchâmes vers la roulette.

— Attendez donc! repris-je. Il ne faut pas jouer en étourneau, il faut attendre le quart d'heure de l'inspiration. Je ne sens pas encore le 19.

Il m'offrit une glace. Tout en prenant la glace, il m'offrit son cœur à peu près sur le même mode.

J'acceptai pareillement. Il y a des jours où on prendrait tout.

Je me levai tout à coup et je courus à la roulette.

— Cinq louis au 19, dis-je en tendant le billet de mille francs à un croupier.

A peine avais-je parlé que le 19 sortit.

On me rendit mon billet avec trois mille cinq cents francs.

Je le repassai gracieusement à mon prêteur sur gages.

— La reconnaissance n'en est pas plus déchirée pour cela, lui dis-je.

Naturellement je continuai mon jeu.

On sait que la bille s'obstine souvent à se nicher dans le même trou.

— 19, s'écria le ténor des croupiers.

On me donna encore trois mille cinq cents francs.

— Eh bien ! me dit l'Autrichien, vous avez de quoi jouer le maximum.

— Chut ! lui dis-je, vous dérangez mes combinaisons. Quel âge avez-vous?

— Vingt-sept ans.

Je mis mille francs sur le 19 et mille francs sur le 27.

Le 19 sortit.

Je commençai à être une héroïne ; tous les regards tombèrent sur moi pendant que je chiffonnais trente-quatre billets de mille francs avec les airs d'une femme habituée à remuer ces papiers-là.

— 19 ! dit le ténor d'une voix de basse-taille.

Il prononçait le *De profundis* de la banque. La banque sauta; on lui fit des funérailles de première classe.

Pour moi, quel que fût son chagrin, je n'avais pas une figure à porter le diable en terre.

— Si vous m'en croyez, me dit mon sauveur, nous partirons ce soir pour les bords du Rhin, c'est le moment ou jamais de voir luire la lune de miel sur mon vieux château.

Je n'avais jamais vu les châteaux allemands.

J'en avais peur, tant leurs légendes m'avaient monté à la tête.

Et puis m'arracher violemment à Bade, c'était m'arracher à une ruine certaine. J'aimais bien mieux faire gaiement un pied de nez à la banque.

— Partons, dis-je à mon jeune burgrave.

Une heure après les malles étaient bouclées, les rosses de Bade nous entraînaient à l'embarcadère; mais jamais chevaux anglais ne m'ont paru si beaux.

Nous dînâmes à Carlsruhe. Vers onze heures nous arrivâmes à Offendall.

Le comte n'était pas attendu. Il eut toutes les peines du monde à réveiller les bonnes gens qui lui faisaient son vin. Il les appelait ses jardiniers, mais c'étaient ses vignerons. Le jardin n'était qu'un rocher où grimpaient les ceps comme des lézards frileux.

Quoiqu'on fût en pleine belle saison; l'aspect de ces tours gothiques, quelque peu démantelées, me fit mal au cœur.

— Vous ferez faire du feu? dis-je au comte.

— Oui, répondit-il, un bon feu de sarments, comme dans les légendes.

— Ne parlons pas de légendes. Illuminons à

giorno et couchons-nous en parlant de Bade ou de Paris.

Il fallut bien passer une demi-heure à se promener avant d'avoir du feu, qui ne montrait que mieux encore la froide horreur de ces ruines gigantesques. Pas une pièce où il n'y eût des vitres brisées. Dans la chambre que le comte voulait bien appeler la chambre nuptiale, nous fîmes envoler une chouette qui partit avec son cri terrible.

— Est-ce que vous croyez aux augures? demandai-je au comte.

Je m'aperçus qu'il était pâle et inquiet. J'étais déjà désespérée d'être venue tenter l'aventure dans une pareille demeure.

— Ne vous effrayez pas, me dit mon compagnon, ces braves gens ne m'attendaient pas sitôt, mais vous verrez qu'il y a des ressources ici ; on y soupe bien quand on a de la patience.

Il m'entraîna à la fenêtre.

— Voyez, me dit-il en ouvrant la croisée, comme la lune joue bien son jeu dans ces ruines.

— Oui, lui dis-je, je sais que la lune est le soleil des ruines. Mais j'aime mieux l'autre.

— Vous n'êtes pas romanesque. Voyez donc

comme la lune est belle à travers les nues et à travers les vagues.

Il montrait les nues au ciel et dans le Rhin.

— C'est sublime, lui dis-je, mais je meurs de sommeil.

Et je me laissai tomber sur un vieux fauteuil en tapisserie, dur comme un rocher.

Tout est bon pour le sommeil. J'allais m'endormir, mais il me prit les mains, me souleva, se mit à chanter et m'entraîna comme pour une valse.

Je fus effrayée, je me rappelais les valses infernales des poëtes allemands. Pour m'achever, le vent qui entrait par la fenêtre ouverte éteignit nos deux bougies.

— Voyez-vous, me dit-il, c'est qu'il ne faut pas s'endormir ici de minuit à une heure du matin.

Je le regardai. Il parlait sérieusement.

— Allons, voyons; êtes-vous fou ou suis-je folle?

Il avait presque aussi peur que moi. Il appela pour demander le souper.

— Vous savez que je n'aime pas ces airs mystérieux, lui dis-je. Votre hospitalité n'est pas écossaise du tout. C'est pour la couleur locale que vous me jouez cette comédie.

— Ma chère enfant, nous autres Allemands, nous avons la religion du passé. Nous croyons que nos ancêtres continuent à faire leur sabbat là où ils étaient hauts et puissants seigneurs. Le château est un lieu de délices; mais seulement depuis onze heures du soir jusqu'à une heure du matin, le mauvais esprit a toujours hanté cette salle. C'était le moment où on payait sa dette au diable.

— Eh bien! est-ce que vous avez des dettes à payer?

— Je n'ai pas bien compté.

— Et en quelle monnaie paye-t-on ses dettes?

— Je ne veux pas vous le dire, car je vous ferais peur.

On apporta le souper : un jambon de Mayence aux confitures de groseilles et une omelette aux confitures d'abricots.

Je commençai à respirer, surtout en regardant la désinvolture de deux bouteilles de vin du Rhin.

Nous nous mîmes à table, mais la gaieté ne revint pas. Je bus coup sur coup trois verres de vin.

— C'est un vin du matin, dis-je, il n'est pas bon la nuit.

— Voulez-vous du vin de Champagne?

— Non, ce n'est pas la peine, je suis déjà grise.

J'essayai vainement de rire. Cinq minutes après, je me renversai sur mon fauteuil et je m'endormis presque.

Mais le comte se précipita et me remit sur mes pieds. Pour la seconde fois il recommença à m'entraîner dans une valse.

— Mon cher, si c'est une plaisanterie, je la trouve mauvaise, ou bien faites venir les violons.

J'avais jeté mon chapeau et ma casaque sur le lit.

— Si vous voulez bien faire les choses, repris-je en dénouant ma ceinture, vous prendrez un oreiller et vous coucherez sur le canapé pour me protéger contre les fantômes.

— Tout ce que vous voudrez, me dit-il en regardant à sa montre, mais nous ne pouvons pas nous coucher avant une demi-heure.

Je me sentais, plus que jamais, prise par le sommeil.

— Par exemple, dis-je en bâillant, le roi de

Prusse lui-même serait accompagné de M. de Bismarck et du prince de Prusse, un ami à moi, que je ne pourrais pas vaincre le sommeil, quand même ils me proposeraient de jouer au trente et quarante.

Je m'étais moi-même mise sur le canapé et déjà je me sentais dans le pays des songes.

Le comte se pencha au-dessus de moi avec inquiétude. Je dormais.

Il étudia l'expression de ma figure comme s'il voulait lire à livre ouvert les rêves qui m'envahissaient. Il me vit bientôt en proie à une horrible anxiété. Je poussai un cri et j'agitai les bras pour me débattre.

— C'est incroyable, dit-il, c'est toujours la même histoire : les morts qui veulent valser avec les vivants.

Il me prit les mains, me remit debout violemment, me glissa un bras à la taille et se remit à valser avec fureur, quoique, tout endormie, je ne fusse pas précisément une fille des airs par la légèreté.

Je m'éveillai peu à peu tout épouvantée par une vision que j'avais eue, ne comprenant rien à cette valse inouïe, m'imaginant que j'allais perdre pied et tomber dans un abîme, tant j'avais le vertige.

— Grâce, grâce, dis-je en pleurant.

Mais il valsait toujours sans me répondre.

J'essayai de lui donner des coups de pied et de le mordre; mais il était comme ces chevaux qui s'emportent sous la colère du maître. Il avait pris le mors aux dents; pour aller mieux encore, il se mit à chanter à perdre haleine une valse de Strauss que j'avais souvent valsée. Mais il chantait en allemand; je croyais entendre mon *De profundis.*

Une heure sonna.

— C'est fini, me dit-il. Maintenant le château d'Offendall est un château enchanté. Vous allez dormir du sommeil des anges ou des pécheresses; demain vous serez émerveillée des beautés du pays.

— C'est égal, lui dis-je, nous partirons demain matin, n'est-ce pas? Mais expliquez-moi l'énigme de cette valse furieuse.

Il ne voulut jamais.

Le lendemain à midi je partis toute colère du château. Il sourit d'un air quelque peu triste.

— Qu'est-ce que cela vous fait? me dit-il.

Ce fut son dernier mot.

Je l'ai revu à un bal de l'Opéra.

— Voulez-vous valser? lui dis-je.

— Non, me répondit-il, je ne valse qu'au château d'Offendall.

Sa figure me fit peur.

Cependant j'avais quitté le château d'Offendall pour aller à Ems.

J'avais pris des airs de femme du monde. Les journaux annoncèrent mon arrivée comme si j'eusse été la reine de Mohély.

J'ai découpé dans *l'Été*, journal des Bains, ce petit portrait à la plume, — une jolie plume :

« Celle-ci arrive de Paris, ses cheveux fris-
« sonnent comme dans les sonnets de Ronsard ;
« ils sont dorés comme les froments, et s'envolent
« à toute brise ; elle aime le blanc pour faire
« valoir ses yeux de sultane ; ses yeux sont si
« beaux qu'ils effacent tous les autres traits de
« son visage. Son pied eût rendu jalouse Cen-
« drillon. Rien n'est plus joli que ces tons de
« laurier-rose sur ces joues et ce front nacrés.
« Toutes les femmes peuvent avoir des diamants,
« nul n'a le bras assez beau pour porter ces bra-

« colets trouvés dans les fouilles d'Hercula-
« num : ce n'est pas une femme, mais un sylphe.
« Elle glisse sans marcher. Vous voulez la re-
« garder, elle est déjà bien loin. »

Elle est déjà bien loin ! Comme ce dernier trait point juste. *Raoul de Navery fecit.*

J'avais peur d'être dépaysée à Ems, où il n'y a guère que des étrangers. Mais à peine étais-je allée m'asseoir devant une table, pour déjeuner sous les arbres de la *Conversation*, que je vis du même coup M. de Pontmartin, Albéric Second, Aurélien Scholl, Hector de Callias, un ministre portugais de mes amis, mon ennemi le prince ***, qui encore ?

Ils déjeunaient deux par deux; ils avaient accaparé les meilleurs ombrages.

Ils m'appelèrent et m'offrirent le vin de la bienvenue.

Ce fut un des plus charmants déjeuners dont j'aie le souvenir.

Albéric Second venait de gagner 5,000 francs, et il répandait à pleines mains l'or de son esprit. Et les autres convives ne le payaient pas en fausse monnaie. C'était un cliquetis de mots et de paradoxes à faire pâlir tous les Allemands de la promenade.

Au dessert, survint le comte d'Ormoy qui venait de reperdre les 5,000 francs qu'avait gagnés Albéric Second. Si Albéric Second est amusant dans le gain, le comte d'Ormoy n'est pas moins drôle dans la déveine. Il lui fallait une victime. Il faillit arracher les cheveux d'un critique du lundi, mais le critique était déjà chauve. Aussi l'affaire fut grave, un peu plus on prenait des témoins.

— C'est votre faute, disait le comte d'Ormoy, vous m'avez dit bonjour, vous m'avez demandé du feu pour allumer votre cigare, ce qui m'a fait arriver trop tard.

— Votre cigare était éteint, ripostait le lundiste.

— Oui, mais vous m'avez parlé, ce qui a dérangé mon inspiration.

— Pourquoi passiez-vous par la même porte? Je suis un homme bien élevé, je salue les gens que je connais.

— Monsieur, on ne salue jamais un homme qui va au trente et quarante.

Le critique du lundi était exaspéré.

— C'est bien, c'est bien, dit le comte, voilà un homme qui est plus furieux que moi, c'est toujours cela.

On faillit se jeter du vin du Rhin à la face, mais le comte de Pontmartin pacifia les deux amis par je ne sais plus quel mot spirituel.

La vie des eaux, qui doit être une vie de *farniente*, est toujours une vie orageuse.

Après le déjeuner, toute surexcitée par l'exemple d'Albéric Second, ne m'inquiétant pas de la perte de d'Ormoy, puisqu'il n'avait perdu que parce que le lundiste lui avait demandé du feu, j'allai, non pas au trente et quarante, mais à la roulette.

J'essayai d'allumer tour à tour tous les numéros pairs, mais la bille s'obstina à sauter dans les numéros impairs. Au bout d'une heure, j'avais perdu cinquante louis.

Je revins sous les arbres, cherchant des yeux les gagnants et les perdants.

Albéric Second avait eu le temps de tout reperdre, tandis que d'Ormoy avait tout regagné.

On proposa une partie d'ânes dans la montagne. Je n'étais pas contente.

Aussi l'âne qui me conduisit fut-il un peu plus

cravaché que de coutume. Je suis bien sûre qu'en ce temps-là les chevaux et les ânes de Bade et d'Ems se disent entre eux :

« Voilà un monsieur qui a eu de la veine, il est léger et il me laisse happer une touffe d'herbes. — Voilà une dame qui a eu de la déveine, le paysage lui déplaît et elle me frappe quand je vais bien. »

C'était la première fois que je perdais. Il n'y a que la première fois qui coûte. Il faut bien s'habituer à tout, on perd si souvent à la roulette de la vie!

XV.

FANTASIO.

Ce jour-là, il me sortit un bon numéro. Parmi les promeneurs, il y avait un Parisien, que j'appellerai, si vous voulez, Fantasio. Il ne craignit pas d'abuser de mon innocence.

La suite au prochain numéro.

Ce fut une vraie passion. A Paris, on n'a pas le temps d'aimer ; en province, on aime mal ; à l'étranger, on aime bien.

Toutes les passions devraient aller en pèlerinage aux eaux — ou au bord de la mer. C'est là leur vrai pays.

On a laissé derrière soi tous les soucis. On n'a plus que le souci de s'aimer ; on est à l'abri des créanciers, des domestiques, des importuns. On va, on vient en toute liberté, étranger à tout ce qui se dit, à tout ce qui se passe autour de soi, ne prenant aux festins de la vie qu'une place ignorée.

Ce bonheur dans les bois, dans les promenades, dans la solitude, dura deux belles semaines.

Mais Fantasio n'a jamais aimé que le bonheur qui ne durait pas.

Un matin, il voulut aller boire à la source, parce qu'il se sentait pris à la poitrine. Il me conseilla de sa voix la plus enjôleuse de rester couchée. Il me dit même que c'était un bien joli spectacle de me voir toute échevelée dans un lit allemand, où les draps sont à peine des feuilles de vigne.

Le lendemain ce fut la même chanson.

Je ne pouvais pas m'imaginer qu'il eût sérieusement mal à la poitrine, mais je me trouvais si bien dans mon lit que j'y endormais ma jalousie.

Le surlendemain, ce fut la jalousie qui me réveilla.

Il était parti ce jour-là sans me réveiller. Je

m'habillai quatre à quatre et je le rejoignis presque sous les grands arbres de la promenade.

Voici le tableau :

Il suivait de très-près une jeune Hollandaise, blonde comme moi, penchée comme un épi mûr, pâle comme un soir d'automne, étoffée comme un roseau. Il arriva à elle et s'inclina. Elle le regarda et sourit. Que se dirent-ils? Vous le devinez bien.

Je voulais m'élancer, mais pourquoi ne pas savourer lentement toutes mes fureurs?

C'était une jeune fille qui était venue là avec sa mère et ses trois sœurs. Une femme romanesque s'il en fut, qui elle aussi se croyait prise à la poitrine, qui voyait déjà son tombeau sous quelque chute de feuilles, qui voulait emporter dans l'autre monde quelques souvenirs d'amour de celui-ci.

Fantasio m'avait parlé d'elle au spectacle et au concert. Selon lui, c'était la vraie figure de la passion. Elle avait dans l'expression ces deux mots pour armes parlantes : « Aimer = mourir. »

Pour moi, je n'avais bien remarqué que ses cheveux qui étaient splendides ; jamais gerbes plus abondantes n'avaient couronné une beauté du Nord.

Quand je dis une beauté, je suis généreuse; c'était un profil de vierge, mais la bouche était mal dessinée, ce qui la faisait loucher dans son sourire.

On dit que les femmes jalouses sont invisibles, tant elles ont l'art de s'effacer. Aussi Fantasio avait beau tourner la tête, j'étais toujours derrière un arbre. Ce n'était pas moi, d'ailleurs, dont il craignait les regards, car il me croyait bien et dûment endormie.

Mais la jeune Hollandaise allait tous les matins avant huit heures prendre son verre d'eau avec une de ses sœurs, une belle paresseuse qui avait toutes les peines du monde à se réveiller. Aussi la buveuse d'eau prenait-elle les devants comme une vraie chercheuse d'aventures. La jeune sœur n'était presque jamais avec elle, quoique ce fût son rôle de l'accompagner.

Fantasio savait cela, voilà pourquoi il regardait avec une vague inquiétude.

Je vis bien que déjà il avait fait un chemin rapide dans le cœur de la Hollandaise; on s'entendait quand on parlait, on s'entendait même quand on ne parlait pas.

Tout à coup on fit un demi-tour, on revint sur ses pas et on alla dans le jardin anglais, un jardin solitaire s'il en fut, surtout à cette heure-là. Je me mis en embuscade pour ne rien perdre du spectacle.

Les voilà tout à fait à l'ombre, sous des saules et des frênes pleureurs ; je vous le dis en vérité, un véritable roman d'outre-Rhin.

Je m'étais faufilée sous les ramées, comme une Diane qui attend le chevreuil au passage. Je ne voulais perdre ni un mot de leur bouche ni une expression de leur figure. Je transcris ici ce joli dialogue alterné par le chant des rossignols.

LUI. — Comme vous êtes belle et comme je vous aime !

ELLE. — Vous dites cela en français, mais vous n'oseriez pas dire cela en allemand.

LUI. — Vous savez bien que je ne sais pas l'allemand.

ELLE. — Voilà pourquoi vous voulez me traduire en français.

LUI avec passion ! — Est-il possible que ces beaux cheveux seront baisés par un Hollandais ?

ELLE. — Si vous voulez bien, vous savez que le Hollandais sera sacrifié au Français !

Ici un jeu muet. On se regarda amoureusement ; par un attrait magnétique, on pencha la tête du même côté. LUI *embrassa* ELLE *sur les cheveux;* ELLE *faillit embrasser* LUI *sur la barbe.*

Et le soleil ne s'est pas voilé la face ! Et je ne me suis pas précipitée toute armée de ma colère et de mes dix ongles !

La jalousie est patiente. Je n'avais vu que le commencement de mon supplice. Jugez !

Voilà mon Fantasio qui dénoue la chevelure d'une main savante et qui répand toute la gerbe sur son front — son front à lui ! — Toute sa tête était cachée sous les ondes caressantes.

Pourquoi cette fantaisie ? Il m'a dit depuis qu'il n'était amoureux que de ses cheveux et qu'il avait voulu s'y noyer.

Ce fut une ivresse de quelques secondes seulement, mais ce fut une ivresse. Quand elle reprit ses cheveux et les noua, elle était blanche comme une amoureuse. Lui-même était pâle comme un péché mortel.

Ce n'était pas tout. Ce fut elle qui reprit la parole.

ELLE. — Je vous en prie ! venez à Rotterdam

demander ma main à mon père. Je ne veux pas épouser ce banquier de Francfort. Je veux vivre à Paris ; je veux vivre avec vous.

LUI. — Ne parlons ni de Rotterdam, ni de votre père, ni de banquier. Parlons de vos beaux yeux ! Votre chevelure m'a tout enivré, laissez-moi dans cette nuée amoureuse.

ELLE. — Vous n'êtes pas sérieux. De grâce, ne m'embrassez plus ! Il y a tant de gens déjà qui me connaissent ici ; cette dame qui passe là-bas cause quelquefois avec ma mère.

LUI. — Elle lit le journal et ne nous voit pas.

ELLE. — Quand nous reverrons-nous?

LUI. — Il me vient une idée. Le soir, pendant que votre mère et vos sœurs sont au concert ou regardent jouer, ne pourriez-vous faire semblant de les perdre un peu ?

ELLE. — Oui, mais où aller?

LUI. — C'est bien simple. En face du Kursaal il y a un hôtel où j'ai une chambre, le numéro 8.

ELLE. — Pourquoi avez-vous une chambre dans cet hôtel?

LUI. — Pour me retirer du monde. J'ai toujours aimé à vivre caché. Si vous saviez comme le point de vue est beau de ma fenêtre !

ELLE. — Même la nuit?

LUI. — Surtout la nuit. J'y ai déjà découvert une étoile. N'est-ce pas que vous y viendrez?

ELLE. — Non!

LUI. — Je vous croyais romanesque?

ELLE. — Oui, mais je ne suis pas folle.

LUI. — C'est que vous ne m'aimez pas.

ELLE. — Je ne vous aime pas!

Cette fille romanesque regarda Fantasio avec des larmes dans les yeux.

Il ressemblait à Méphistophélès tant il sentait que le diable était pour lui.

Elle dit encore plusieurs fois non. A la fin, elle lui promit que si, à la première valse du concert, elle mettait un frédéric sur le double zéro, c'est qu'elle irait avec lui, — voir les étoiles.

Là-dessus, ils se séparèrent. Elle se hâta d'aller boire le verre d'eau de l'innocence; Fantasio alluma la cigarette satanique.

Je n'avais pas respiré depuis dix minutes. J'eus la force de me contenir; je le rencontrai comme par hasard.

— Si matin! me dit-il.

— Oui, je crois que moi aussi je suis prise par la poitrine.

Je lui saisis la main pour la porter à mon cœur.

— Tu as donc le diable dans le cœur, me dit-il, effrayé des battements précipités de cette mécanique inexplicable.

Le soir, la belle Hollandaise, à la première valse de Strauss, mit un frédéric sur le double zéro.

J'étais là, je jouais, je gagnais. Fantasio jugea que je ne voyais rien, mais je ne perdis pas un de leurs signes. Jamais regards d'amoureux n'avaient mieux télégraphié.

Quelques minutes après, lui et elle montaient l'escalier de l'hôtel pour aller au n° 8.

On lui avait donné une bougie, mais elle l'avait éteinte, tant elle avait peur de rencontrer une figure de connaissance.

Enfin, les voilà au second étage! Ils vont entrer. C'est le paradis! être seule avec lui! être seul avec elle! Que de douces choses on va se dire au clair de la lune, sous le feu des étoiles.

Il pense déjà que, comme le matin, il va dénouer encore ses beaux cheveux pour y perdre ses lèvres, pour y noyer ses yeux.

Elle pense déjà que cette fois elle ne se hâtera

pas de renouer sa chevelure. Elle aussi se fondra en lui ! Elle entendra sonner un de ces quarts d'heure d'ivresse qui payent les souffrances de toute une vie de repentir. Elle a regardé l'abîme, elle va s'y jeter avec amour, avec passion, avec volupté.

Il ouvre la porte. Elle passe la première.

La nuit est sombre ; il a refermé la porte. Il se garde bien de rallumer sa bougie.

Comment se fait-il que la lumière jaillit?

C'est que j'étais là ; c'est que je voulais voir. Je n'étais pas seule pour ce coup de théâtre, j'avais amené le banquier de Francfort.

On poussa un cri, on s'évanouit.

J'offris mon flacon, ce fut ma seule vengeance.

N'est-ce pas que j'ai des dispositions pour la comédie?

Le lendemain, bruyant scandale à Ems. Ce qui n'empêcha pas le surlendemain les amoureux de voler une heure d'amour au fiancé de Francfort et à moi-même !

XVI.

L'AMOUR.

JE revins à Paris où je devins tout à fait folle, de la pire des folies, de la folie de l'amour. J'aimais ce Fantasio qui aimait toutes les femmes. Et comme je l'aimais!

On ne devient courtisane que par accident.

Dans l'antiquité c'était un état, on étudiait pour cela, on prenait ses grades à l'école des philosophes. Le plus souvent, il est vrai, c'était la femme qui en remontrait aux philosophes. Mais dans la vie moderne elle n'a droit d'asile que si elle ne fait que passer.

On pourrait la comparer à une voyageuse qui brise son carrosse en route, qui est forcée de s'arrêter à l'auberge et qui s'y amuse bon gré mal gré, du va-et-vient, du tohu-bohu, du bruit, des éclats de gaieté, des chansons des ivrognes, des folies de l'orgie. Mais quel que soit l'attrait de cette vie d'aventures et d'imprévu, la voyageuse est bien contente quand on lui ramène son carrosse raccommodé pour regagner la route bordée d'arbres où lui viendra l'air vif dans les rayons de soleil.

Je ne sais pas d'illustre femme galante qui ne regrette sa robe de laine et qui n'aspire à devenir dame patronnesse ; à une condition pourtant, c'est qu'elle gardera dans son cœur le plus cher de ses amours.

J'ai lu ce vieux conte où une femme qui a aimé allume un grand feu pour y jeter tous ses souvenirs. Un ange lui apparaît en songe, qui lui dit : « Jette ton cœur au feu, quand le feu sera éteint, tu auras tout oublié. »

Moi aussi je voudrais jeter mon cœur au feu pour tout oublier, hormis pourtant un souvenir que je veux emporter jusque dans la mort : le souvenir de Fantasio, car son amour a fait revivre mon cœur. On aura beau rire de ce beau vers de Victor Hugo :

> Son amour m'a refait une virginité,

on ne l'effacera pas sous le ridicule, parce qu'il y a là un sentiment profondément humain. Toutes les courtisanes qui vivent par le cœur et par l'esprit ont senti la vérité de ce vers jailli de l'amour, comme la source pure jaillit de la montagne. Chaque fois qu'une femme comme moi est prise ou reprise par la passion, elle se sent transfigurée; elle rejette avec horreur tout ce qui l'a flétrie, même le souvenir. Par malheur, ce renouveau qui la relève au-dessus d'elle et qui lui donne une robe virginale, ne trompe qu'elle-même. Le monde où elle vit la voit toujours telle qu'elle était : une fille perdue, une cocotte, une impure. Et c'est là son désespoir. Elle donnerait tout au monde pour reconquérir quelques beaux jours de son innocence et pour s'ensevelir, toute amoureuse, dans sa première robe.

Heureusement j'aimais un homme qui n'avait pas de préjugés. En effet, Fantasio était plus amoureux de la beauté que de la vertu. Il ressemblait à ces amateurs d'art qui ne s'inquiètent pas si une belle chose a été déjà vingt fois possédée par d'autres. Avec un homme comme lui, je ne souffrais donc pas trop d'être indigne de l'amour. Mais je compris alors que si j'avais affaire à un homme jaloux du passé comme du présent, je traverserais tous les supplices. Il y a des femmes qui sont assez heureuses pour fermer les yeux sur leurs crimes. Pour moi, je n'ai pas cette belle insouciance : la femme d'aujourd'hui n'efface pas la femme d'hier.

J'étais donc heureuse, avec quelques nuages au front, d'aimer mon Fantasio. Nous passâmes ensemble toute une saison charmante en plein Paris. J'étais jalouse. S'il ne courait pas les femmes, c'est qu'il était couru par toutes ces dames. C'étaient des tromperies sans fin, ce qui me consolait un peu de mes tromperies passées. Mais il me désarmait par un sourire ou par un mot. Ses lettres étaient des chefs-d'œuvre d'esprit dans la concision. Aussi m'avait-il dégoûté des sentimentaleries à la Werther.

Je ne suis pas de celles qui aiment l'amour bête, même quand je pleure.

XVII.

LA COLÈRE DU PRINCE.

Au milieu de toutes mes gaietés, je suis toujours saisie d'un triste pressentiment, je sens la mort dans la vie. Je n'ai pas eu d'éclat de rire qui ne s'achevât par un sourire amer, comme celui qui ouvre la bouche pour manger un bon fruit et qui la referme en voyant qu'il est gâté. Il y a des gens qui trouvent que tout est bien, moi je trouve que tout est mal. Je n'ai pas la prétention de refaire le monde, mais je voudrais que Dieu y remît la main. Si j'étais dans le paradis, j'ouvrirais la porte pour m'en aller; si on me faisait la courte échelle je serais capable d'escalader les murs pour y rentrer. C'est que dans ce paradis on s'ennuie, c'est que dehors on ne s'amuse pas; mais ce qui m'a toujours désolée, c'est que je sens la mort à chaque pas; elle est dans mon cœur, elle effraye mon âme. Combien j'ai enseveli d'amours qui agitent leur suaire quand je me tourne vers le passé! Mais ces amants les ai-je aimés? On a dit que dans son premier amant on aimait l'homme, tandis que dans les autres on n'aimait plus que l'amour, à peu près comme si on disait qu'au lieu de chanter la chanson on ne chante plus que le refrain. En effet, le second amant c'est l'air connu, le troisième c'est l'orgue de barbarie. Ce qu'il y a de plus triste, c'est qu'il est impossible d'éterniser le premier amour, même dans le mariage; le voyage à travers la passion est comme un voyage d'agrément où on ne s'amuse qu'à la condition de s'en aller; on pose partout un point d'admiration, mais quel point de désolation si on nous condamnait à admirer trop longtemps! aimer c'est divin, toujours aimer c'est mortel, à moins qu'on ne change d'amour.

C'est ce que j'ai fait; on s'imagine que celui qui vient sera supérieur à celui qui s'en va, mais on s'aperçoit bientôt que tous les hommes sont les mêmes : tous sont pétris d'égoïsme et de vanité ; leur amour c'est l'amour-propre. Il y en a bien quelques-uns qui vont tête baissée dans la passion, mais ce sont presque toujours ceux qu'on ne veut pas retenir. Chaque fois que je donnais mon cœur je faisais une mauvaise affaire, parce que je n'étais pas payée ; heureusement j'avais l'art de masquer mon amour. L'homme est cruel quand il n'est pas lâche : il boit nos larmes avec délices, voilà pourquoi la femme devient cruelle à son tour. Mlle Cléopâtre, que nous avons toutes connue quand nous étions très-jeunes, disait en montrant ses merveilleux colliers de perles : « Tout cela n'est rien, mes vrais colliers de perles, ce sont les larmes que j'ai fait verser sur mon chemin. »

Et quel chemin elle avait fait ! marquise italienne, courtisane française, princesse russe, car elle vient d'épouser le prince ***.

Puisque je parle de prince, je dirai ici mon aventure avec le prince en off.

Je revenais un soir du bois : je descendais l'avenue des Champs-Élysées, conduisant deux chevaux anglais mal appareillés qui menaçaient de me mettre à pied. Parmi les promeneurs, le prince en off se précipite, me sauve d'une catastrophe et prend les guides à son tour.

— Tu sais, me dit-il en me parlant avec respect, je ne te quitte plus, parce que tu ferais des bêtises.

— J'en ferais bien plus avec toi, parce que nous ne sommes pas mieux appareillés que ces deux chevaux.

Il était entêté, il n'en démordit pas d'un baiser ; il m'emmena chez lui, rue Royale. Il m'ordonna sous peine de mort, un pistolet à la main, d'être sa femme légitime pendant un an et un jour.

Voici les articles du contrat :

1° Mlle *** ne retournera pas une seule fois dans son appartement, parce qu'elle pourrait y retrouver un de ses amis caché dans une armoire.

2° Mlle *** ne recevra pas une seule fois sa femme de chambre, parce qu'elle pourrait lui donner de mauvais conseils.

3° Mlle *** n'écrira pas une seule lettre, si ce n'est un billet, pour dire qu'elle est retirée du monde.

4° Mlle *** n'ira ni chez M. Worth ni chez

Mme Laferrière, qui viendront chez moi lui dessiner ses robes.

5° Mlle *** ne connaîtra plus personne au bois, pas un salut aux cavaliers, pas un sourire aux promeneurs.

6° Mlle *** au théâtre ne fera plus de mines à Faure, ni à tous ceux dont le plumage ressemble au ramage.

7° Mlle *** n'ira plus ni chez sa mère, ni chez sa sœur, ni chez ses amies, même sous le prétexte de leur sauver l'existence.

8° En considération du futur mariage, le futur époux reconnaît à la future épouse une dot de cent mille francs, qui sera comptée à ladite future épouse aussitôt la célébration du mariage.

Je signai et je paraphai ces huit articles, non pas tout à fait pour les cent mille francs, car je n'y croyais qu'à demi, mais parce que le prince en off valait bien la peine qu'on fît une folie pour lui ; il était brutal, mais passionné ; impertinent, mais beau joueur ; à force d'argent et de tapage, il s'était imposé parmi les plus tapageurs et les plus argentiers.

Je n'étais pas fâchée de lui donner le bras à travers la vie.

On s'imagine trop aisément que les f mmes — légères — se jettent sur l'argent comme la pauvreté sur le monde. Non, car elles y regardent à deux fois. Il faut leur rendre cette justice que si l'homme leur semble indigne d'elles, elles passent dédaigneusement devant l'argent comme devant l'homme. Singulière société qui ne se récrie pas quand l'homme se laisse acheter par la dot d'une femme, même si la femme est horrible, et qui regarde du haut de son opinion la fille à la mode, vivant des prodigalités de son amant. Pour moi, je n'ai jamais pris d'argent que s'il me venait d'un galant homme.

Me voilà donc installée comme une princesse dans l'appartement de la rue Royale, vous savez ces grandes pièces du temps de Louis XVI, hauts plafonds, dessus de portes, ornementations sévères et charmantes. Les murs étaient tendus de lampas vieilles étoffes, ou de tapisseries vieux Gobelins. J'étais ravie d'avoir quitté mon petit nid doré de fille galante pour ce logis quasi-majestueux. Je me sentais grandie de deux coudées. Aussi le prince remarqua-t-il en moi une rapide métamorphose. J'avais pris je ne sais quelles attitudes plus nobles et plus sévères. J'avais toujours mes quarts d'heure de folie, mais j'avais laissé sur le seuil ces mutineries et ces affolements qui donnaient je ne sais quoi de fantasque à mon caractère.

Je croyais à des jours filés d'or et de soie, mais voilà qu'un matin le prince me surprit écrivant à un de mes amants qui se croyait oublié et qui avait soudoyé une femme de chambre.

Le prince était terrible dans ses colères jalouses; il m'arracha la plume des mains et me la jeta dans la figure. Ce fut comme une flèche bien lancée; elle entra de tout son bec dans ma joue. Je dominai ma fureur. Je jouai le calme et je continuai à écrire. Le prince était au plus haut point de la fureur. Il me prit par les deux mains et me fit valser comme il eût fait d'une poupée.

— Et la musique? lui dis-je avec le plus beau sang-froid du monde.

— Tu sauras, me dit-il, que quand je prends une femme, c'est pour l'avoir corps et âme, sinon va-t'en.

— Je ne suis pas venue pour m'en aller, c'est à moi à ordonner ici. Allez-vous-en!

Le lion s'adoucit-il? — Cinq minutes après,

nous étions bras dessus, bras dessous, comme des amoureux, nous promenant dans les deux salons, bâtissant l'avenir comme si nous devions vivre un siècle ensemble.

Je m'habituai presque à ces terribles quarts-d'heure de jalousie d'un homme qui ne se dominait jamais.

Naturellement, plus le prince était jaloux, plus je soufflais sur sa jalousie.

J'étais toujours à la fenêtre à l'heure où l'on va au bois. Tout en prenant l'air dédaigneux d'une reine sur son balcon, je laissais tomber des œillades et des sourires. Le prince me menaçait même de sa cravache quand j'allais au bois. Quoique le bord du lac me fût défendu, j'y passais souvent. S'il me rencontrait, je subissais une rude remontrance ; si je lui répondais, il levait la main sur moi, comme disent les gens du peuple, il allait même jusqu'à lever le pied, comme il eût fait contre son chien. J'avais beau m'indigner, je subissais cet esclavage doré. Comment étais-je si fière et si soumise ? C'est que je l'aimais un peu.

Mais ce nonchalant amour ne m'empêchait pas de commencer des aventures au dehors. Il y a mille et une manières de tromper un jaloux, même un jaloux qui vous cadenasse. Lisez plutôt la légende de la belle Vénitienne, que son mari avait verrouillée de la tête aux pieds. Je ne poussais pas la trahison si loin; j'étais romanesque bien plus que pervertie; j'ébauchais des romans, sauf à n'arriver jamais au dénouement.

J'écrivais à l'un que j'étais dans un château fort, sachant bien qu'il n'oserait pas venir me délivrer.

J'écrivais à l'autre de m'envoyer des gerbes de fleurs pour pouvoir respirer un doux parfum de volagerie. Je serrais la main de celui-ci en descendant de l'Opéra, pendant que j'étais au bras du prince. Quand je soupais au café Anglais, je me trompais de numéro, sous le prétexte d'aller me refaire ma figure. Et mille autres supercheries d'une femme qui veut protester contre la tyrannie.

Ce train de vie dura trois mois. J'avais compté sur un bail de trois ans, mais à l'heure même où je croyais avoir dompté le lion, il eut de telles violences que le commissaire de police vint mettre le holà. Certes, ce n'est pas moi qui l'eût appelé, je me fusse plutôt fait tuer sur place;

mais mes gens, qui avaient peur d'une fin tragique, avertirent à temps l'homme à l'écharpe tricolore. Mon gracieux amant m'avait donné ce jour-là un coup de pied dans le ventre.

Je fus trois mois malade. Tout le monde me crut morte. Quand je reparus un soir au théâtre, on m'appela la ressuscitée. Le prince était à l'orchestre ; nous ne nous étions pas vus depuis notre séparation forcée. Nous échangeâmes le plus joli sourire, comme des gens bien élevés. Le lendemain, le prince m'envoya une admirable perle, entourée de brillants, avec ce mot : « L'anneau de la rupture. »

Depuis, vous savez qu'il s'est marié deux ou trois fois.

On dit que ses femmes meurent de chagrin, parce qu'elles l'aiment trop. Je commence à croire qu'on n'aime que les tyrannies.

XVIII.

LA COMÉDIE.

J'AVAIS un vague désir de célébrité; je regrettais de n'avoir pas eu le courage de devenir un prodige sur le piano; quand je lisais un roman de George Sand je griffonnais pendant deux heures; quand j'allais au Louvre, je mourais d'envie de peindre comme Raphaël et comme Titien.

Hélas! je ne devais pas être célèbre par la peinture, par le roman, ni par la musique.

Je ne devais être célèbre que pour avoir valsé.

Heureusement que ma célébrité ne durera qu'un jour.

J'avais bien aussi l'idée du théâtre. M. Hostein m'engagea pour une féerie ; M. Montaubry me fit débuter dans la danse de caractère. Aux Bouffes-Parisiens j'ai joué une déesse ; à la Gaité on m'a offert de jouer une Mignon du faubourg Saint-Marceau. Je voulais et je ne voulais pas, mon orgueil m'entraînait plus haut. J'aurais voulu jouer Célimène ni plus ni moins.

Je ne jouerai sans doute jamais que le rôle de fille repentie.

Je veux dire d'impénitente ! Je songe souvent, à me repentir, mais je n'en ai pas les moyens. Et puis, ce n'était pas sans un certain orgueil que je voulais jouer jusqu'au bout le jeu terrible et doux de la courtisane. J'avais jeté le masque, je n'avais plus peur de rien sinon de ma conscience, mais je l'endormais sur son lit doré dans des draps de soie. A certaines heures on oublie son catéchisme et sa première communion, on ferme l'Évangile sous un roman, on juge le monde par un éclat de rire, on décide que tout est bête depuis le commencement jusqu'à la fin, on trône sur l'impunité, voilà pourquoi tant de filles galantes ont le sourire aux lèvres et le dédain dans les yeux. Qu'est-ce que la vertu ? une petite malheureuse en robe de laine qui porte un parapluie. Qu'est-ce que le vice ? un haut et puissant seigneur dans un monde de courtisans. Je n'avais aucun goût pour le parapluie, l'éventail me semblait mon arme familière. Je voulus donc mener à outrance, la vie à quatre chevaux des filles perdues. Qui dit la vie à quatre chevaux pour les courtisanes, dit la vie à quatre amants. On parla bientôt de moi dans les familles, comme on en avait parlé sur le turf. Je passais sur les fortunes comme l'orage sur la moisson. Certes ce n'était pas pour thésauriser, mais pour payer mon luxe, un luxe inouï. Un peu plus j'inquiétais Mme de P — dans son hôtel miraculeux, Mme de C — dans sa somptueuse chambre à coucher, Mme M — dans son écurie incomparable. Je courus les meubles rares comme Rosalie L —. Je jouai plus beau jeu que Soubise ; je voulus être belle comme Deveria et spirituelle comme Caroline Letessier ; aussi, quand je pensai donner à dîner, je n'eus qu'un signe à faire pour avoir les princes et les illustres.

Je devins bientôt une femme historique, à ce point que pas un étranger n'arrivait à Paris qui ne voulût m'être présenté. Clésinger et Carpeaux exposèrent mon buste. Carolus Duran me peignit pour l'exposition; étrange histoire! on se trompa, on mit un nom de duchesse et je m'y trompai moi-même. Ce fut donc un triomphe sur toute la ligne des adorateurs.

Je ne pouvais m'empêcher, dans mes heures de modération quand je me donnais le luxe d'être seule, de songer à l'effroyable despotisme de la courtisane.

Un historien que je lis le lundi, Paul de Saint-Victor, dit que voilà tantôt six mille ans que l'humanité joue le même jeu avec la courtisane. Point de milieu pour elle, point de purgatoire, le bourbier ou l'apothéose, l'idolâtrie ou l'abîme, le ciel ou l'enfer. Il rappelle que Venise, fatiguée de son carnaval perpétuel, a banni les courtisanes; mais, après trois mois de carême, Venise leur rouvrit ses bras : Revenez bien vite, *honeste mérétrice*! Ce jour-là ce sont d'honnêtes courtisanes; ce jour-là ces Dalilas coupent de leurs dents aiguës les griffes du lion de Saint-Marc.

J'ai copié cette belle page de Saint-Victor : « Si violentes que soient les tempêtes qu'elle soulève autour d'elle dans l'océan des hommes, elle surnage toujours, brillante, meurtrière, inextinguible comme un feu grégeois. De quelque côté que vous regardiez dans l'histoire, vous l'apercevez quelque part debout ou couchée dans une attitude triomphale. Elle nous apparaît dans la Bible vautrée sur une montagne de manteaux de pourpre, trophée de ses amants dépouillés. L'Inde la fait entrer dans le sérail mystique de ses dieux ; la Grèce l'élève à la divinité de muse, et décore ses bras de la lyre d'ivoire. Elle saigne l'empire romain aux quatre veines et le livre tout épuisé aux barbares. Exorcisée par le moyen âge, elle reparaît aux premiers rayons de la Renaissance florissante, nue, lascive, païenne jusqu'aux bout des ongles. Elle traverse le xviiie siècle au grand galop de ses huit chevaux attelés de roses, dans un équipage de fée en bonne fortune, semant l'or, les perles, l'insolence, le blasphème, l'esprit à pleines mains sur son passage. De nos jours, enfin, elle a bâti à elle seule tout un quartier, la pyramide de Rhodope du Paris moderne. Moabites, bayadères, hétaïres, affranchies, dames galantes, nymphes, impures, lorettes, femmes entretenues, dames aux camélias, comme elle s'appelaient hier, filles de marbre, ainsi qu'on les appelle aujourd'hui, quels que soient leur nom, leur type, leur costume, leur procédé de rapine et de corruption, elles ont de tout temps « vendangé le monde, » suivant la sanglante expression du poëte latin. De tout temps elles ont régné sur les passions inférieures, sur les fauves instincts, sur les ennuis qui rôdent en cherchant leur proie. La partie animale de l'humanité leur appartient; elles le savent, elles y comptent, et Circé ne se préoccupe que du soin d'agrandir et de décorer ses étables. N'est-ce pas l'Apocalypse qui nous montre la « Courtisane de la dernière heure, assise et trônant sur la Bête? » Quel terrible symbole! que cela est effrayant, vrai et beau! Ainsi s'explique ce charivari discordant de louanges et d'injures, sous les fenêtres vénales de Phryné et de Lydie. L'Esprit les invective, la Matière les flatte et rampe à leurs pieds. Que de fois ces deux voyageurs ne se sont-ils pas rencontrés et croisés en route : l'âme qui s'en va et le corps qui revient! »

L'historien des hommes et des dieux — et des femmes — quand il les tient, il les tient bien, — dit que les courtisanes ont fait leur temps; que les étoiles ne sont plus que des vers luisants. C'est ici qu'il se trompe : elles règnent plus impérieusement que jamais, elles sont dans tous les mondes, et un romancier a eu raison d'étudier dans un de ses livres les courtisanes du monde. Un poëte grec s'écrie : « Une hétaïre ! Est-ce que vous avez eu le malheur d'aimer une hétaïre, avez-vous embrassé ce serpent terrible, cette chimère dévorante, cette Charybde, cette Scylla aux trois têtes, ce sphinx meurtrier, cette lionne, cette hydre, cette vipère, cette harpie vorace? Tous ces monstres valent mieux que l'hétaïre! »

— C'est vrai, mais l'hétaïre vaut mieux que l'homme : elle obéit à l'esprit du mal, mais n'est-ce pas pour mieux comprendre le bien? Ma période de grandeur dura trois ans. J'ai peur de toucher à la période descendante, non pas que ma beauté ne soit radieuse encore — en parlant par modestie — mais je suis née trop paresseuse pour continuer cette guerre et ce carnage.

Je vous ai conté hier, je vous ai conté aujourd'hui. — Et demain? — Je vous ai déjà dit que je n'aimais pas les points d'interrogation.

Demain, je ne désespère pas d'aller frapper à la porte du refuge Sainte-Anne.

Si j'y vais, je n'ouvrirai plus ma fenêtre sur le monde.

Ce sera pour pleurer mes péchés et pour oublier que j'ai trop valsé.

Ce sera pour expier la bêtise d'avoir écrit ce livre et d'avoir démasqué mon cœur.

Me sera-t-il beaucoup pardonné, parce que j'aurai beaucoup pleuré?

XIX.

LES DERNIÈRES PAGES.

ci finissaient les confessions de Caroline ***, écrites en jolies pattes de chat, avec une petite plume d'aigle ou de corbeau.

Sur des feuilles ajoutées, Caroline avait continué ses confidences par ces quelques pages écrites d'une main plus émue.

Jusque-là l'esprit, autant que le cœur, avait guidé la main. Comme on dit, Caroline s'écoutait parler. Mais dans ces pages nouvelles elle avait jeté son cœur en toute hâte. Pas une phrase, pas un mot spirituel. Voyez :

JEUDI.

« Je compte si mal que je n'ai plus le sou; il
« me faudra ces jours-ci me décider à vendre
« mes tableaux ou mes bijoux; en attendant, il
« m'a bien fallu tout à l'heure écouter les pro-
« positions de cette courtisane chevronnée qui
« fait des mariages de la main gauche : elle m'a
« offert cinq mille francs pour que le comte Mar-
« tial de Briançon me soit présenté. Il paraît
« qu'il m'avait vue au bois. Cinq mille francs, lui
« ai-je dit, c'est bien peu, mais c'est plus que
« je ne vaux. — Eh bien! si c'est plus que tu ne
« vaux, je garderai mille francs pour moi.

« Comme je résistais, elle a prié pour elle;
« et « l'affaire » s'est arrangée; il viendra à
« minuit me demander une tasse de thé.

« C'est étrange! je ne sais pourquoi, j'ai le
« pressentiment que cette « affaire » me sera
« fatale. »

VENDREDI MATIN.

« Je n'ai pas dormi cette nuit. D'où vient que
« j'ai horreur de moi-même, moi qui jusqu'ici
« avais tout bravé. Ce jeune homme est venu.

« O mon cœur! Je ne respirais plus. Je pâlissais
« et je rougissais... Le comte de Briançon c'était
« mon Gaston de Foix d'il y a huit ans! C'est à
« peine si je l'ai reconnu...

« J'aurais voulu être à cent pieds sous terre.

« — C'est vous, lui dis-je, comment ne vous
« ai-je pas revu?

« — J'ai fait la guerre et j'ai voyagé.

« Nous avons parlé du passé. Je suis redeve-
« nue timide comme en ce temps-là. Il croyait
« trouver une femme d'esprit, une « blagueuse, »
« une sceptique, il n'a trouvé qu'une pension-
« naire. Nous étions embarrassés tous les deux
« comme des gens qui n'ont pas vu le feu, sui-
« vant son expression.

« C'est horrible comme je souffrais. Il avait
« aimé une vierge, il retrouvait une courtisane.
« Il a été très-gentilhomme, il s'est contenté de
« me baiser la main.

« Il m'avait apporté un bouquet, mais le bou-
« quet était empoisonné. Je l'ai respiré quand
« il a été parti, — et j'y ai vu une lettre. — J'ai
« voulu la lire avec la curiosité de l'amour, car je
« l'aime. Il n'y avait pas un mot dans l'enve-
« loppe il y avait cinq billets de 1,000 francs !

« J'ai failli les jeter au feu comme des inju-
« res. Mais ces 5,000 francs ne m'appartiennent
« pas.

« Il viendra demain dîner avec moi, je lui
« mettrai ces 5,000 francs dans son assiette.

SAMEDI MINUIT.

« Il est venu dîner. Il a reconnu ses 5,000
« francs. Il les a repris et m'a demandé pardon.
« Je l'ai entraîné dans ma chambre. Je me suis
« jetée dans ses bras. Il est tombé à mes genoux
« et il a bu mes larmes.

« Un étrange dîner pour commencer. Pour
« finir ç'a été charmant. Nous nous sommes
« remis à table l'un contre l'autre ; de vrais
« amoureux qui n'ont pas faim et qui se dévo-
« rent de baisers.

« En un instant nous étions au dessert. Le
« dessert, c'était encore des embrassements.

« Ah! mon Dieu, comme je l'aime et comme
« je voudrais mourir !

SAMEDI.

« Voilà qui est bête! Moi qui me croyais invul-
« nérable, je sens que je deviens folle de Martial
« de Briançon comme il y a quatre ans de celui
« que j'appelais Fantasio. »

« Ai-je aimé Martial il y a huit ans quand il
« s'appelait Gaston? Non; c'était un rayon de
« soleil sur la neige. La preuve c'est que ce
« n'est pas à lui que je me suis donnée. Mais
« comme je l'aime aujourd'hui!

« Est-ce parce qu'il est beau? Ce n'est pas
« une raison. Est-ce parce qu'il monte bien
« à cheval? Est-ce parce qu'il a été héroïque
« pendant la guerre? Est-ce par ce qu'il me
« parle avec une douceur pénétrante? J'ai
« passé hier la soirée avec lui dans une avant-
« scène du Vaudeville. Je n'ai pas entendu un
« mot de tout ce qui se débitait sur la scène. Je

« ne sais pas si c'était Fargueil ou Massin qui
« jouait la comédie : le miracle de l'amour m'a-
« vait transportée au septième ciel.

« Et pourtant notre première rencontre, hélas !
« n'a eu rien de romanesque.

« Cette horrible femme qui voulait me jeter
« dans ses bras pour un prix convenu, — lui, —
« mon premier rêve, — peut-être mon dernier.

SIX MOIS APRÈS.

« Le bonheur ne se raconte pas. J'ai passé six
« mois dans toutes les joies du cœur, six siècles,
« — six jours !

« Je croyais au bonheur éternel, mais une
« femme est venue me jeter à la mer.

« Martial n'a pas cherché cette femme, mais
« cette femme l'a pris et me l'a pris. J'ai toutes
« les fureurs de la lionne et toutes les douleurs
« de l'abandon.

« Il vient de me dire adieu pour jamais, —
« pour jamais c'est le tombeau. — Je veux
« mourir.

« Croit-il donc que je vais rire de mon cœur

« comme la première venue ? Non. Il m'avait
« soulevée dans l'abîme, j'y retombe brisée.

« J'en ai assez de cette vie impossible, à la
« recherche de l'argent des autres, sous la répro-
« bation de tous, maudite par ma mère, maudite
« par moi-même.

« Ma mère ! Je ne lui écrirai même pas. Ce
« que je veux, c'est l'oubli !

« Un pareil amour, n'est-ce pas l'expiation
« par la grâce ! »

XX.

L'OUBLI.

Quand je fus au bout du manuscrit, je me demandai pourquoi Caroline voulait mourir de cet abandon.

Il ne faut jamais se tuer pour une passion puisqu'on se guérit d'un amour par un autre amour.

Je voulus avoir le mot de l'énigme. Je jurai que je me jetterais au-devant de la catastrophe, car j'y croyais.

Le marquis de Satanas ne se trompait jamais. « S'il n'est pas le diable, me dis-je, c'est au moins le préfet de police du demi-monde. »

Il ne me fallut pas dix minutes pour mal dîner.

Il était huit heures et demie. J'avais une heure et demie devant moi : j'allais chez Caroline. Je trouvai sa femme de chambre tout en larmes.

— Monsieur, me dit-elle, madame fera un mauvais coup ce soir.

— C'est elle qui vous l'a dit?

— Non, monsieur, mais je viens de décacheter cette lettre qu'elle m'a prié de porter demain matin.

— Je comprends, dis-je, vous ne faites pas les choses en aveugle, vous voulez goûter le poison avant d'en donner aux autres.

Donnez-moi cette lettre.

Je lus d'abord l'enveloppe :

A Monsieur Martial de Briançon.

« Je ne voulais pas même vous dire adieu
« avant de mourir, Maurice, mais une deuxième
« fois, ma volonté tombe devant mon cœur.

« Le jour où je vous ai aimé, la lumière est
« descendue dans mon âme, j'ai vu l'horreur de
« ma vie. Il y a des filles qui arrachent tout,
« elles font un ragoût des choses les plus dignes
« et des choses les plus ignobles, elles se don-
« nent et elles se vendent en même temps; la

« mode n'est plus là où les courtisanes se refai-
« saient une virginité à chaque amour nouveau.
« Plus je t'aime et plus je me sens indigne. J'ai
« mangé mon blé en herbe, il me faut porter la
« peine du passé ; plus je m'acharnerais à t'ai-
« mer, et plus je verrais le fond de l'abîme. Co-
« ralie disait hier devant moi : Quel malheur que
« je sois une pas grand chose, car j'épouserais
« mon amant. Et elle pleurait. Eh bien, moi, je
« ne pleure pas, mais j'aurai le courage de
« mourir. Les six mois que nous avons passés
« ensemble m'ont ramené à la vie de famille.
« J'ai eu beau me griser de toutes les folies,
« j'ai eu beau prendre tous les masques du vice,
« je sens que je suis restée la petite Caroline
« Cendrillon, adorée par sa mère.

« Il y en a qui oublient tout, moi je me sou-
« viens de tout. Qu'est-ce que le souvenir, sinon
« le remords pour une créature comme moi.

« Tu ne t'imagines pas comme ton amour m'a
« jetée à la porte de ta vie parce qu'une autre
« a pris ma place. C'est la loi, mais comme je
« ne vivais plus que par toi, je n'ai plus qu'à
« mourir.

« Et je meurs sans regret.

« On se figure que je m'amuse dans ce tour-
« billon doré : je n'ai pas seulement le temps de
« m'apercevoir que j'existe ; les plaisirs du
« luxe et de l'orgueil ne durent qu'un jour, les
« joies du cœur durent toute la vie. Tu diras que
« je prêche et tu ne me liras pas jusqu'au bout.
« Garde-moi une pensée. C'est parce que je vaux
« mieux que toutes ces filles que tu as rencontrées
« et que tu rencontres, que je ne veux pas finir
« comme elles. Donne-moi après demain le con-
« voi du pauvre. Jette-moi dans la fosse com-
« mune et dis un *de profundis* pour le repos de
« mon âme. Ah ! si j'avais pu t'aimer dans la pu-
« reté de mes seize ans, j'aurais voulu mourir à
« tes pieds, mais je suis une impure et je veux
« mourir comme j'ai vécu, dans une orgie. Je
« sais bien que c'est une lâcheté, mais je n'au-
« rais peut-être pas le courage de mourir toute
« seule. »

« Si tu es heureux avec l'autre, viens la pro-
« mener un jour sur la fosse commune, et dis-
« lui en secouant la poussière : *Ci-gît qui a*
« *aimé.* »

CAROLINE.

Je regardai la femme de chambre qui pleurait toujours comme si ses larmes lui fussent payées.

— Où est-elle allée? lui demandai-je.

— Madame ne m'a rien dit. Je crois que ces messieurs et ces demoiselles dînent aujourd'hui à la Cascade, car Coralie, qui est arrivée en retard pour prendre madame, a dit : « Dépêchons-nous, nous dînons à huit heures, les autres ne reviendront pas du bois. »

Je n'écoutai pas plus longtemps la femme de chambre. J'avais ma voiture à la porte. Je me fis conduire tout droit à la Cascade.

Je n'étais pas arrivé que j'avais reconnu le festin de ces dames.

— Dieu soit loué, me dis-je, Caroline ne mourra pas.

Et je pensai que le marquis de Satanas ne m'avait averti de sa mort dans les trois heures, que pour me donner l'occasion de la sauver.

J'allai à elle et je lui tendis la main avec abondance de cœur; elle était pâle et souriante, mais dans un nuage de mélancolie :

— Qui vous amène, me dit-elle? en détournant sa chaise comme pour me faire un peu de place.

— Qui m'amène? c'est vous.

— Est-ce que vous seriez amoureux de moi, car jusqu'ici je ne vous ai jamais fait tourner la tête de mon côté.

— Non, ma chère amie, je ne suis pas amoureux de vous, mais il faut que je vous parle sérieusement. C'est toute une histoire que je vous dirai ce soir, si vous me promettez de retourner ce soir à Paris.

Elle me regarda avec un point d'interrogation. Sans doute, elle s'imagina que je voulais lui parler de son amant.

— Oui, me répondit-elle, jurez-moi de me reconduire dans ma voiture ou dans la vôtre.

— C'est dit.

— Est-ce que vous avez vu aujourd'hui M. de Briançon?

— Non. Je sais qu'il vous aime toujours : comment n'est-il pas là ?

— C'est que nous ne devons jamais nous revoir.

— Allons donc ! Je connais ce mot jamais. Cela veut dire toujours, en bon français d'amoureux.

L'amphitryon, le jeune duc de ***, vint me prier d'être de la fête. Je ne fis pas de façon, tant je voulais ne plus quitter Caroline.

Une comédienne, amie d'un des quarante, me cria :

— Te voilà admis aux honneurs de la séance, comme on dit à l'Institut ; mais c'est à une condition, c'est que tu parleras pour tout le monde, et non pas seulement pour Caroline.

Toute la table s'apostropha ; pour qu'il n'y eût plus d'à parté, on porta des toasts à toutes les vertus, ce qui prit beaucoup de temps.

— Tu ne bois pas ? cria la comédienne à Caroline.

— Je boirai tout à l'heure, répondit-elle, en regardant sa coupe pleine de vin de Champagne. A mon tour, je porterai un toast.

— Elle est toujours originale, celle-là, elle ne fait rien comme les autres.

— Que voulez-vous ? c'est une femme blasonnée sur toutes les coutures, son père était comte, et elle n'aime que les comtes.

— Ce n'est pas comme toi, dit la comédienne à celle qui parlait, tu es née dans le faubourg du Temple, et tu vas t'y retremper toutes les semaines.

— Que voulez-vous ? moi, j'ai peur de m'encanailler dans la haute gomme.

Il se passa une demi-heure en causerie impertinemment et prétentieusement bête.

Après beaucoup de bruit, on fit silence, le combat finissait faute de bêtise, tant on en avait dépensé, quand Caroline se leva en prenant sa coupe.

— Je bois à l'Oubli ! cria-t-elle.

Et pas une perle de vin de Champagne ne resta au fond de la coupe.

Je remarquai que Caroline était plus pâle encore, mais je n'étais pas inquiet, car elle m'avait promis de revenir avec moi.

Nul ne paraissait comprendre ce toast. Caroline se tourna vers moi, et me dit avec un sourire forcé :

— C'est fini.

Un éclair traversa mon esprit. Je me rappelai que déjà une fois elle avait voulu s'empoisonner à table. Je ne l'avais pas perdue de vue, mais c'est sitôt fait de jeter de l'acide prussique dans un verre.

Elle se renversa sur sa chaise.

— Je vois trouble, me dit-elle, empêchez-moi de tomber.

Je la pris dans mes bras, lui soulevant la tête.

— Vous m'avez promis de me reconduire chez moi. Vous reconduirez une morte. De grâce, ne m'oubliez pas ici.

— Messieurs, dis-je tout haut, Caroline vient de s'empoisonner.

Tout le monde accourut; c'était à qui la sauverait. On lui fit boire du café et du lait, les seuls contrepoisons qu'on pût trouver là ; mais elle serrait les lèvres comme une femme qui a dit son dernier mot.

Soit qu'elle eût, comme elle l'avait dit, horreur de la vie, soit qu'elle ressentît déjà les terreurs de la mort, soit que l'acide prussique eût déjà frappé son intelligence, elle semblait étrangère à tout ce qui se passait autour d'elle. Les hommes se parlaient avec inquiétude, les femmes criaient à ne pas s'entendre. Un joueur de vielle jouait *les Gardes de la Reine* au café voisin. La pauvre Caroline eut un vrai charivari à son dernier quart d'heure.

— Tiens! dit une de ces dames, elle parle de Fantasio.

— Non, dit une autre, elle parle de Martial.

Caroline en expirant avait vu apparaître ses deux amants aimés.

De toute cette compagnie, j'étais le plus sérieusement désolé ; je la regardais se débattre avec un sentiment de charité chrétienne. Je l'admirais dans sa mort, parce que je savais pourquoi elle mourait.

— Elle est donc folle ! disait la comédienne, n'avait-elle pas tout ce qu'elle voulait, un hôtel, des diamants, des chevaux ?

— Oui, dis-je à cette fille, elle avait tout cela, mais elle aurait donné tout cela pour la joie du cœur.

— La joie du cœur ! qu'est-ce que cela ?

Je pris la main de la comédienne :

— Ma chère amie, quand vous serez amoureuse, je vous dirai ce que c'est que cela.

Et me reprenant :

— Mais d'ailleurs, quand vous serez amoureuse vous n'aurez pas besoin que je vous le dise.

. . . .

J'allai à l'enterrement de Caroline. Il faut saluer tous les courages, même le courage de savoir mourir, quand c'est pour un beau sentiment.

On ne la jeta pas à la fosse commune, car M. de Briançon avait donné des ordres pour qu'elle eût un tombeau.

A la porte de l'église je rencontrai le marquis de Satanas.

— Eh bien ! me dit-il, je vous l'avais dit, c'était fatal, elle devait mourir.

— Vous n'étiez si bien renseigné que parce que vous aviez causé avec elle.

— Qu'importe, je ne vous ai pas trompé.

Je contai au diable comment elle était morte, en portant un toast à l'Oubli.

— Eh bien ! me dit le diable, elle ne sera pas oubliée. Si M. de Briançon ne meurt pas de chagrin, c'est qu'on ne meurt pas de chagrin ; vous ne le rencontrerez pas à l'église, mais vous le rencontrerez au Père-Lachaise.

Au Père-Lachaise nous rencontrâmes Martial.

Il nous tendit la main gauche, car il avait la main droite en écharpe.

Il s'était battu pour un mot dit devant lui contre Mlle d'Armaillac.

— Je me suis battu pour une autre, nous dit-il, mais je crois que c'est elle que j'aimais.

LIVRE IX

LE COUP D'ÉVENTAIL.

I.

LA FEMME DE CENT ANS.

Pendant la Commune, on sait que Paris était à Versailles, en villégiature forcée.

Un jour, dans la rue de l'Orangerie, je vis passer comme une ombre une vieille dame tout en noir, dont la figure toute blanche, sous une perruque mal poudrée, accusait un grand nombre d'hivers. Du premier coup, on jugeait que cette femme était une vieille comédienne, à son attitude étudiée comme à sa figure peinte. Elle me frappa par un grand air de distinction. Je n'avais jamais vu un si beau portrait vivant du xviiie siècle. Je m'approchai d'elle. Comme une vieille connaissance elle sourit et sembla me dire par son regard :

— Vous vous trompez, il est trop tard pour me parler.

Elle avait encore assez de coquetterie et assez d'illusions pour s'imaginer que c'était à la femme et non au monument en ruines que je voulais parler. Aussi ajouta-t-elle, comme pour rabattre mon éloquence :

— J'ai cent ans !

Et elle passa son chemin comme une femme de vingt ans qui m'aurait dit :

— Allez vous promener !

Cette rencontre me fit une impression durable, tous mes amis s'en souviennent.

Pendant quelques jours, à l'hôtel des Réservoirs, on ne parla que de la femme qui avait dit :

— *J'ai cent ans !*

Les jeunes comédiennes qui jouaient alors la comédie en action dans le parc de Louis XIV, répondaient à tout propos, quand on leur débitait des douceurs :

— *J'ai cent ans !*

Je tentai de retrouver ma centenaire, mais elle ne sortait pas souvent. On me dit qu'elle se nommait Mlle Beaumesnil, ci-devant danseuse à l'Opéra. Pas un mot de plus. Elle vivait de peu dans un petit appartement de 400 francs, n'ayant d'autre femme de chambre que la cuisinière de sa voisine, une ci-devant cantatrice de Feydeau. Dans les beaux jours, on les rencontrait encore toutes les deux, dans le parc, errant comme des ombres, ou comme des mortes qui ont oublié de se faire enterrer.

Il en est des maisons comme des femmes. Quoique M. le baron Haussmann ait sillonné Paris avec sa charrue d'or, il y reste encore des terres abandonnées où le chercheur, le curieux, l'archéologue va à la découverte. Ne trouve-t-on pas à chaque pas, le Paris du moyen âge dans le pays latin, le Paris de la Renaissance dans les régions de la place Royale, le Paris du XVIIIe siècle, dans quelques coins oubliés du faubourg Saint-Honoré ?

C'est ainsi qu'un matin, fumant les cigares du comte de Morny, nous découvrîmes, lui, Dorsay et moi, ce petit château persan que j'ai habité jusqu'au jour où il fut abattu par l'avenue Friedland. On a eu beau ouvrir l'avenue de la Reine-Hortense et percer toutes les rues de Beaujon, on a laissé debout plus d'une maison bâtie au XVIIIe siècle et conservant encore tout le caractère du temps, avec ses vignes, ses treillages, son puits à corde, ses ifs et ses buis. Telle était la petite maison où Mme Bertall, il y a dix ans, mettait au monde d'un seul coup ses trois jolies filles, miracle de la nature et de la beauté.

Aujourd'hui encore, il y a une de ces petites maisons, toute en ruines d'ailleurs, qui semble oubliée par son propriétaire. Je crois qu'elle doit cela à une succession laborieuse, toute hérissée de procès; elle est si indivise que nul des héritiers ne songe à y toucher; pour la louer, il faudrait y pratiquer des réparations ruineuses, si bien qu'elle est là, riant au soleil, envahie par le lierre. Les ceps de vignes de la façade fleurissent encore, mais ne donnent plus de raisin. Un des deux rosiers encadrant la porte est mort depuis longtemps; l'autre s'acharne à produire des roses pâles et sans parfum.

Je ne sais pourquoi ma curiosité s'est fixée un jour sur cette maison. L'architecte Azémar, qui a bâti pour l'Impératrice la rue de l'Élysée, demeurait à côté et me disait souvent qu'il y avait là une légende. C'était, selon lui, un de ces petits temples d'amour que bâtissaient les financiers et les grands seigneurs pour les Guimard, les Laguerre, les Duthé, les Sophie Arnould, et autres hétaïres de grand style. Nous nous promettions souvent de la visiter, mais les clefs étaient chez le notaire Delapalme, qui nous les envoyait toujours à l'heure où nous n'étions pas là.

Hier, comme je repassais devant le mur du jardinet, ma curiosité fut ravivée. Je me haussai sur la pointe des pieds, et je découvris que je n'avais plus besoin de la clef, car le dernier hiver avait enfoncé la porte.

C'était le soir. Je résolus de pénétrer à l'instant même dans ce temple « de l'amour », au risque d'être appréhendé au corps par quelques sergents de ville veillant sur le bien d'autrui. J'étais bon chasseur autrefois; escalader une roche ou un mur de jardin, c'est la même chose. Me voilà donc du premier coup de l'autre côté du mur.

Combien y avait-il de temps que le jardin n'était plus cultivé. Les ronces, les horties, les ravenelles envahissaient les allées comme les parterres. J'éprouvai la même impression de mélancolie que si j'eusse traversé un cimetière. Je respirais déjà je ne sais quelle odeur sépulcrale. Je jugeai qu'il était peut-être un peu tard pour pénétrer dans la maison, puisque déjà le soleil était couché, mais la curiosité me poussa en avant. La porte était à demi-ouverte. Quand je la poussai, elle fit un bruit funèbre. Il semblait que ce fût une voix de la solitude qui me reprochait cet attentat contre le silence. C'était une mauvaise entrée pour moi. Sous le vestibule, je vis deux portes fermées, à droite et à gauche; en face un escalier droit avec deux rampes en fer d'un fort joli travail. J'ouvris la porte de droite et je me trouvai dans un petit salon tout meublé, ce qui me surprit beaucoup. Du premier regard, je vis bien que cet ameublement, qui datait du plus pur Louis XVI, n'était là que pour la parade, car nul n'avait habité ce salon au XIXe siècle.

N'allez pas croire que j'eusse fait une découverte précieuse : ces meubles Louis XVI n'étaient pas des chefs-d'œuvre comme à Trianon, toutefois ils avaient leur caractère. L'humidité, les mouches, les araignées, les vers et les rats avaient goûté à tout et laissé sur tout les traces de leur passage. Deux chiffonnières en bois de rose ne gardaient que quelques cuivres vert-de-grisés, une table en laque de Chine ne tenait plus que sur trois pieds, deux fauteuils, aux deux coins de la cheminée, semblaient jouer à cloche-pattes.

Comment avait-on laissé là cette pendule, qui peut-être ne marquait plus les heures depuis un siècle? C'était un joli monument en marbre, à ornements dorés, représentant un temple grec qui supportait l'oiseau de Minerve. Cette pendule avait donc sonné les heures de la sagesse?

Je pensai que sans doute les anciens propriétaires de cette petite maison avaient conservé ces meubles du temps pour y venir ça et là passer quelques jours ou quelques heures.

En effet, n'était-ce pas une maison de campagne pour les Parisiens de la Tour Saint-Jacques? Peut-être aussi les héritiers anciens étaient-ils des provinciaux qui descendaient là à chaque voyage à Paris.

Cependant la nuit tombait. Je voulus monter au premier étage. Avant de sortir du petit salon, je remarquai sur la cheminée, au-dessus d'une glace, un petit tableau représentant des baigneuses imitées de Watteau.

Je revins à la cheminée. Ce fut alors que je vis comme apparaître deux pastels représentant deux jeunes femmes qui souriaient là depuis un siècle dans leurs robes de taffetas à fleurs, sous leurs cheveux en échafauds poudrés à frimas. Je les saluai comme d'anciennes connaissances. Le demi-jour ne me permit pas de voir si elles étaient bien peintes, mais leur expression de gaieté mélancolique m'alla au cœur ; il me sembla que j'étais rajeuni de cent ans, ou plutôt que je reprenais mon âme du xviiie siècle, car je suis bien sûr que j'ai vécu dans toutes ces folies.

Je voulus continuer mes découvertes. Je montai au premier étage. La maison n'étant pas grande, j'eus bientôt pénétré partout. Des trois chambres à coucher, une seule avait conservé son lit et sa table ; lit à baldaquin où pendaient encore des rideaux de lampas jaunes à grandes fleurs brûlées par le soleil ; sur la table était jeté un tapis brodé par quelque fée du xviiie siècle. Devant le lit étaient rangés deux fauteuils Louis XV en tapisserie de Beauvais, représentant des amours, mais des amours effacés qui ne riaient plus.

Tout cela faisait froid. J'ouvris la fenêtre au couchant pour avoir les dernières clartés du jour, mais, patatras ! voilà que la fenêtre tomba dans le jardin.

Je faillis me prendre pour un malfaiteur.

« Après tout, me disais-je, si on me trouvait ici, on aurait le droit de me conduire au violon. »

La fenêtre était tombée sans trop de bruit sans doute, car aucun des voisins n'y prit garde. Toutefois, il me sembla entendre un cri dans le fond du jardin.

Je descendis pour m'en aller, mais par la fenêtre qui éclairait l'escalier, je vis un spectacle inattendu : une femme en noir agenouillée devant un berceau de vigne.

Sans doute c'était cette femme qui avait poussé un cri. Je ne savais si je devais aller à elle ou m'esquiver. Aller à elle, c'était bien indiscret, m'esquiver, ce n'était pas d'un galant homme.

Je descendis lentement le perron, toujours indécis, mais je me décidai à aborder la dame. Quoique mes pieds fissent du bruit sur les feuilles sèches, elle ne m'entendit pas venir. Quand je fus à deux pas d'elle, je lui dis en m'inclinant :

— Madame, pardonnez-moi si j'ai traversé ce jardin dans ma promenade du soir.

Elle tourna la tête sans paraître trop surprise.

— Que me voulez-vous, monsieur? me demanda-t-elle d'une voix éteinte.

Elle voulut se relever en se suspendant au treillage, mais elle retomba agenouillée.

— Permettez-moi, madame, de vous offrir la main.

Je la pris doucement par les bras et je la mis sur ses pieds.

Cette femme était si vieille, si vieille, que sa figure défiait le temps. Il y avait en elle de la femme et de la momie ; mais elle avait gardé à travers toutes les dévastations une grande expression de douceur et de mélancolie qu'elle animait encore par un demi-sourire.

Elle me rappela la centenaire de Versailles.

— Madame, lui dis-je, n'est-ce pas vous que j'ai rencontrée pendant la Commune, à Versailles, dans la rue de l'Orangerie ?

— La Commune ? dit-elle, je ne me souviens pas. Qu'est-ce que la Commune? Vous avez pu me rencontrer rue de l'Orangerie, puisque c'est là que je demeure.

— Alors, lui dis-je, votre maison de campagne est à Paris.

Elle essaya de sourire:

— Je viens quelquefois ici comme à un pèlerinage, car c'est ici que j'ai vécu ma jeunesse. Ah! il y a bien longtemps de cela. Je ne compte plus les jours ni les années, *j'ai cent ans*.

— C'est bien vous! Il y a quatre ans, vous m'avez déjà dit à Versailles que vous aviez cent ans.

— Eh bien, monsieur, puisque je suis pour vous une vieille connaissance, je prends votre bras.

La dame appuya sa main sèche et froide sur ma main.

— Pourquoi avez-vous quitté Paris pour Versailles?

— Pendant la Révolution, j'avais des amis là-bas, mais sous le Directoire, je suis revenue à Paris. Je ne sais plus pourquoi je suis retournée à Versailles; des caprices de femme, voyez-vous. J'aimais Paris et Versailles parce que j'avais un amoureux à la cour, mais il est parti avec Charles X. Je n'étais plus dans l'âge de faire des passions; j'ai pris mon parti de me retirer du monde. Je suis si loin de tout, qu'il y a des jours où je me crois dans l'autre monde. Ma voisine de Versailles me conseille toujours de lire les journaux, mais c'est de l'hébreu pour moi; il me faudrait apprendre l'histoire pour y comprendre quelque chose. Il y a longtemps d'ailleurs que je ne lis plus du tout, parce que j'ai de mauvais yeux et que je perds toujours mon lorgnon.

Nous étions arrivés devant le perron; je n'osais pas offrir à la dame d'entrer avec elle, mais je ne voulais pas m'en aller.

— Est-ce que vous osez passer la nuit toute seule dans cette maison?

— Oh! mon Dieu, oui. Je n'ai peur de rien, voyez-vous, pas même de la mort qui m'a oubliée. On m'a tant volé dans ma vie qu'il ne reste plus rien à prendre. Cette maison qui tombe en ruines a renfermé des merveilles. Qu'est devenu tout cela? Il est vrai que les marchands de bric-à-brac sont venus plusieurs fois me tenter quand je n'avais pas le sou. Adieu, monsieur.

Je saluai, mais sans vouloir m'éloigner.

— A propos, comment donc êtes-vous venu ici, monsieur? Je croyais avoir refermé la porte.

Au lieu de répondre, je dis à la dame que j'étais du voisinage; je croyais que la maison devait être vendue.

— Vendue! Pourquoi donc? Je né suis pas encore morte.

— Je vous avouerai même que je suis entré à tout hasard dans votre petit salon, où j'ai remarqué deux pastels qui m'ont beaucoup frappé. Est-ce que l'un d'eux n'est pas votre portrait?

La dame semblait ne pas vouloir répondre.

— Lequel? dit-elle enfin.

— Permettez-moi d'entrer un instant, je suis sûr que je ne me suis pas trompé.

Quand nous fûmes entrés, la centenaire fit jaillir du feu d'une petite allumette de cire et alluma d'une main tremblante deux bougies qui avaient peut-être commencé à brûler dix ans auparavant, si on en jugeait par leur couleur jaune.

— Il y a bien longtemps, dit la dame, que je n'ai couché ici. Je me suis attardée dans le jardin sans m'apercevoir que la nuit tombait si vite. Je ne connais plus les saisons.

— Vous n'avez pas froid? dis-je en fermant la porte.

— Non, dit-elle. D'ailleurs il me reste encore quelques fagots sous l'escalier. Et puis il y a du bois sec dans le jardin, Dieu merci! Mais vous oubliez de me dire quel est mon portrait dans ces deux pastels. Des La Tour! monsieur, des La Tour!

— Ils sont très-jolis, madame. Et La Tour ne faisait pas de madrigal quand il peignait une femme.

— Allons, voilà que vous me dites des douceurs. Eh bien, oui, j'étais belle dans mon temps, mais je n'en ai pas été plus heureuse pour cela.

— Des peines de cœur?

— Chut! Quel est mon portrait?

J'indiquai le pastel qui était à gauche de la cheminée.

— C'est celui-ci. N'est-ce pas, madame?

— Vous n'y êtes pas, monsieur, c'est le portrait de ma sœur. La Tour nous a peintes dans la même saison. Ma sœur était plus belle que moi.

— Ce sont les mêmes traits, c'est le même air de tête, c'est le même charme dans le regard et dans le sourire.

La dame s'était assise sur un des fauteuils et penchait tristement la tête.

— Est-ce que votre sœur est morte jeune, madame?

La centenaire releva vivement la tête.

— Qui vous a dit cela? Pauvre Rose! elle n'avait pas vingt ans qu'elle était couchée sous terre.

La centenaire soupira et pencha la tête sur le bord de la cheminée. Un silence suivit ces paroles.

— Morte à vingt ans, dis-je, c'est beau, mais c'est triste. Bien heureux ceux qui meurent jeunes, mais après tout la comédie du monde vaut bien qu'on s'y attarde un peu.

Je continuai à parler, mais la centenaire n'entendait pas un mot.

— Est-ce que votre sœur dansait aussi à l'Opéra ?

— Oui. Elle s'appelait Rose Beaumesnil. C'est Vestris qui fut son maître. Vous avez dû entendre parler de Rose Beaumesnil.

Je me mis à raconter l'Opéra du temps de Louis XVI pour amuser les souvenirs de la dame.

Sans doute elle fut frappée par la vérité de mes peintures, car elle releva la tête et me dit :

— Vous y étiez donc?

— Non, pas tout à fait. Je ne sais cela que par ouï-dire, mais j'ai beaucoup interrogé ma grand'mère et mes grand'tantes.

— A la bonne heure, vous n'êtes pas un étranger, vous, comme tous les autres. Avec vous on peut s'entendre.

Et là-dessus la centenaire se mit à m'en débiter de toutes les couleurs, se ranimant comme par miracle, revivant de sa vie passée, comme si les étincelles jaillissaient des cendres mortes. Aussi, au bout d'un quart d'heure, nous étions les meilleurs amis du monde.

— Ah! dit-elle en soupirant, il y a si longtemps que je n'ai ouvert mon cœur.

— Eh bien, parlez-moi encore de vous et de votre sœur.

La centenaire ne savait pas bien qui j'étais, mais elle voyait devant elle un homme sympathique qui paraissait touché de tout ce qui avait tourmenté son cœur; elle me fit des confidences inattendues, elle finit par me faire une confession inespérée.

II.

ROSE ET MARGOT.

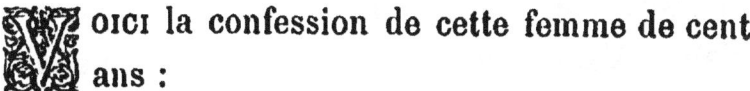

Voici la confession de cette femme de cent ans :

« Voyez-vous, monsieur, moi et ma sœur, nous n'étions pas trop mal nées : mon père, monsieur Pierre Beaumesnil, était officier au Royal-Champagne ; ma mère peignait en miniature, tout en dansant à l'Opéra. Elle a beaucoup connu M. Greuze, M. La Tour et M. Vestris, que j'ai beaucoup connu moi-même. Elle avait quatre filles : que faire de quatre filles quand on n'a pas d'argent pour les marier ? elle en mit deux à l'Opéra, la troisième fut enlevée toute jeune par l'ambassadeur de Suède, la quatrième a peint des miniatures comme ma mère. A l'Opéra nous eûmes de vrais triomphes, mais on ne se nourrit pas de bouquets ; le comte de Villiers me chanta son antienne, je le pris pour amant, sachant bien qu'il n'y avait pas d'autres mariages à l'Opéra, ou plutôt ne sachant rien du tout. Il était fort couru de toutes les femmes, batailleur, bruyant, orgueilleux ; je fus folle de lui, si folle, voyez-vous, que je l'ai aimé à travers tous les autres amours de ma vie ; ce fut lui qui me donna cette petite maison où nous sommes, un bijou dans un jardin. Par malheur j'ai réduit le jardin, faute d'argent, vendant par ci par là à mes voisins. Mais Dieu me garde d'avoir jamais touché à ce berceau de vignes !

« Oui, monsieur, je suis née dans le royaume de l'Opéra, je n'en ai pas connu d'autre. Mademoiselle Baumesnil me mit au monde quand elle dansait le pas des cinq bacchantes dans Enée et Lavinie, avec Mlles Allard, Heinel, Mion et Asseline, au beau temps où Mlles Dervieux, Du Perez et Audinot représentaient les trois Grâces, Mlle Guimard, Vénus, et Mlle Desperrières, l'Amour.

« Mlle Dervieux a été ma marraine, elle m'a

bercée avec cette chanson qu'elle avait faite contre Mlle Guimard :

> Nymphe chantant à bon marché,
> Sa voix qui sent la quarantaine
> Est la voix du chat écorché,
> Quand elle miaule sur la scène,
>
> Actrice au pays des pantins,
> Dévote et courant l'aventure,
> C'est le miracle des catins
> Aussi boit-elle outre mesure.
>
> Et par dedans et par dehors,
> Guimard en tout n'est qu'artifice ;
> Otez-lui le fard et le vice,
> Elle n'a plus âme ni corps.
>
> Vaste océan des Euménides,
> Chemin des pleurs et des regrets,
> C'est le tonneau des Danaïdes,
> Il ne se remplira jamais.

Mademoiselle Beauménil me chanta ces vers avec une vraie voix — de chat écorché — sur un vieil air de Rameau, si je me souviens bien. Il me fallait en effet que ce fût sa première chanson pour qu'elle s'en souvînt si bien ; elle reprit ainsi son histoire, tout en se répétant quelque peu.

« Grâce à ma mère et à Mlle Dervieux je fus élevée pour ainsi dire à l'Opéra, aussi je n'ai jamais eu conscience du bien et du mal, si ce n'est quand je regardais dans mon cœur. On me donna les meilleurs maîtres de chant, sans que cela coutât un sou : j'étais comme un enfant de troupe. Il en fut ainsi de ma jeune sœur qui apprit à danser sous la protection de Vestris. Quoiqu'elle eût deux ans moins que moi nous débutâmes presque en même temps. J'ai débuté dans *Œnone,* quand on mit à l'Opéra la *Phèdre* de Racine, défigurée par Hoffmann; on me trouva plus de figure que de voix, mais bientôt je jouai Hypsiphile dans la *Toison d'or* : on décida que j'avais le chant du cygne au moment où Médée me poignarde ; cette fois ce fut un éclatant triomphe. On décida séance tenante, qu'on me donnerait deux mille quatre cents livres, ce qui inquiéta beaucoup les premiers sujets ; mais ce qui les mit en rage le lendemain, c'est que ce fut alors que le comte de Villiers, qu'elles convoitaient toutes, m'offrit mille louis pour être mon amant pendant un an et un jour ; je n'avais pas voix au chapitre, mais ma mère décida que, moyennant que les mille louis fussent donnés le premier jour, j'appartiendrais les trois cent soixante-cinq jours au comte de

Villiers. C'est ainsi que se fesaient les mariages dans ce temps-là ; aujourd'hui les hommes demandent une dot aux femmes, il y a un siècle c'étaient eux qui donnaient une dot.

« C'était d'ailleurs un singulier temps.

« Croiriez-vous que ma sœur débuta dans un ballet qui s'appelait le *Premier navigateur*? Vestris dansait une sarabande au soleil, ma sœur représentait une sauvage si doucement apprivoisée qu'on la surnomma l'Amour. Nous allâmes ensemble quelques jours après jouer *Œdipe à Colone* à la cour.

« Quand on joua les *Danaïdes*, tout Paris parla des deux sœurs Beaumesnil. Le musicien embrassa ma sœur au premier ballet ; c'était Salieri, et son ami Gluck fut si enchanté de ma voix et de ma manière qu'il me promit que je jouerais *Didon* à la reprise, ce qui eut lieu d'abord à la cour.

« Si je ne vous ennuie pas trop, je vous dirai que vers ce temps-là j'ai doublé Mlle Maillard, dans *Diane et Endymion*. »

Mlle Beaumesnil chanta l'air célèbre : *Cesse d'agiter mon âme.*

Mais elle s'arrêta au premier vers.

« C'est le chant du cygne, reprit-elle. Que voulez-vous, je n'ai plus le souffle. Ah! si je pouvais retrouver une heure de jeunesse, quand j'étais rivale de la Dozon par la beauté et de la Saint-Huberti par la voix !

« On me fit beaucoup de vers quand je jouai une des femmes de *Pénélope,* mais je ne me rappelle que ceux qu'on fit contre Marmontel.

> Puisque ta muse au lyrique séjour
> A si mal peint le vainqueur du cyclope,
> Imite au moins ta sage Pénélope,
> Défais la nuit ce que tu fis le jour.

« Vous comprenez bien que je faisais chanter et danser les mille louis du comte de Villiers. Ma mère en avait pris sa part; mais quand j'allais à la cour, on me gâtait beaucoup, si bien que j'avais toujours de l'argent.

« A Longchamps Mlle Guimard avait cédé la place à Mlle Adeline, de la Comédie italienne. En 1786, le 12 avril, on remarqua mon carrosse à côté du sien. Elle avait pour amant l'Intendant des Postes, aussi avait-elle fait un chemin rapide; ses chevaux étaient ferrés d'argent, ses harnais tout relevés d'or; mais j'avais de plus beaux chevaux et j'étais plus jolie, si bien que le vrai succès fut pour moi. Le duc de Richelieu me fit passer un madrigal où il me disait : « Pourquoi mon couchant ne peut-il pas se réchauffer à votre aurore ? » Des bêtises comme en disaient tous les gens d'esprit.

« Ma sœur était à côté de moi ; nous rencontrâmes le comte de Villiers.

« — Tiens, comme il me regarde, me dit ma sœur, qui ne savait pas l'histoire des mille louis.

« — Ce n'est pas toi qu'il regarde, c'est moi, lui dis-je.

« Hélas! il nous regardait toutes les deux du même œil. Notre destinée était dans ce regard.

« Quelques jours après, le comte de Villiers me dit qu'une fille comme moi ne pouvait pas vivre comme tout le monde. Il avait une petite maison dans le faubourg Saint-Honoré, il me proposa de l'habiter avec lui pendant toute la belle saison. Cette maison, c'est celle où nous sommes aujourd'hui.

« Le tapissier mit beaucoup de temps à meubler ce petit réduit de Paphos, comme on disait dans ce temps-là. Il y avait un mois qu'il me promettait toujours que je pourrais l'habiter le lendemain. Un jour, j'arrive impatientée. Jugez de ma surprise, voilà qu'en ouvrant la porte du jardin, je vois sous le berceau de vigne mon amant et ma sœur qui s'embrassaient. »

Ici, la centenaire posa sa tête contre la cheminée.

— Et que se passa-t-il, madame?

La dame ne répondit pas. Je l'interrogeai encore, même silence. Elle semblait ne pas m'entendre tant elle était retournée loin dans le passé. A la fin, elle me regarda avec la désolation sur la figure.

— Si vous saviez!

— Dites! parlez! c'est un ami qui vous écoute.

Elle me tendit la main.

— Ah! que je suis malheureuse!

— Comment, madame, après plus de quatre-vingts ans, vous vous rappelez avec tant d'émotion vos peines de cœur?

— Oh! oui, des peines de cœur. Je vivrais deux siècles, qu'elles me feraient encore souffrir.

— Par Dieu, voilà qui est étrange! Notre siècle a bien changé, car aujourd'hui les peines de cœur ne durent qu'un jour.

— Si vous saviez!

La centenaire se prit la tête dans ses deux mains avec l'attitude du désespoir.

Je n'osais plus l'interroger, je ne pressentais pourtant pas ce qu'elle allait me dire.

Elle me demanda d'abord si j'avais été jaloux, elle me parla de son amour pour le comte de Villiers. Comment pouvait-elle pardonner à sa sœur de venir ainsi jusque dans sa maison lui prendre son amant? Elle lui pardonna pourtant parce que le comte de Villiers vint à elle.

— Mais ce que vous ne croirez pas, me dit-elle, c'est que revenant à moi, sans abandonner ma sœur, je les ai retrouvés un autre jour, non pas sous le même berceau s'enroulant comme des vignes, mais dans ma chambre à coucher, une nuit qu'on me croyait à Fontainebleau, où l'Opéra jouait à la cour. Maintenant écoutez bien. Je parle à mon confesseur, car je n'ai jamais dit ce que je vais vous dire.

La centenaire se tut et soupira; il semblait que les paroles s'arrêtassent sur ses lèvres.

— Non, c'est impossible, je ne vous dirai pas ce qui s'est passé.

Je lui repris la main en la suppliant de parler.

— Après tout, dit-elle, en me regardant bien, ce n'est pas vous qui me trahirez. Et d'ailleurs, à mon âge, que peut-il m'arriver de plus fâcheux, que de ne pouvoir mourir? Sachez donc la fin de mon histoire quand j'avais vingt ans.

« Le comte avait trop d'esprit pour ne pas s'esquiver devant une scène de jalousie; il nous laissa aux prises avec ma sœur; il s'enfuit quatre à quatre et prit mon carrosse pour redescendre dans Paris. Déjà en sa présence j'avais donné un violent coup d'éventail à Rose; dès que je fus seule en face d'elle, je levai une seconde fois mon éventail pour la souffleter. Peut-être sur une prière j'eusse encore pardonné, mais elle leva la main d'un air menaçant; alors ce fut une lutte horrible, toutes les colères de la passion nous donnèrent des forces. Quoique ce ne fut pas le temps des poignards, je vis tout à coup ma sœur qui en agitait un pour me frapper; furieuse jusqu'à la folie, je le lui arrachai des mains et je lui en donnai un coup en pleine poitrine; le cœur était touché, elle poussa un cri en tombant à la renverse. « Ah! ma sœur! ah! Margot! »

« Margot, c'était mon petit nom. Vous pensez

bien que ma jalousie était tombée tout d'un coup. J'embrassai de toute mon âme la pauvre Rose, mais c'en était fait, elle expira sans dire un mot. »

En parlant ainsi, la centenaire s'évanouit dans le fauteuil. J'eus toutes les peines du monde à la rappeler à elle ; ce ne fut qu'en la portant à la fenêtre et en lui parlant de Nini, puisque c'était le seul souvenir qui pût la raviver.

« Eh bien, me dit-elle, plus pâle encore qu'une heure auparavant, vous savez mon secret. J'ai eu la lâcheté de ne pas m'accuser de mon crime. Comme ma sœur avait plus d'une fois montré son poignard, on a dit à l'Opéra qu'elle s'était poignardée, on a dit aussi que des voleurs étaient venus la nuit qui l'avaient assassinée dans la peur d'être découverts. Quand j'ai réveillé ma femme de chambre, je lui ai dit qu'en revenant de souper j'avais trouvé ma sœur morte. Cette fille a peut-être cru que j'avais moi-même donné le coup de poignard, mais elle a vécu longtemps avec moi sans jamais rien dire. Toute autre eût vendu la maison pour oublier, mais moi j'ai toujours éprouvé une sombre volupté à me souvenir. Je vous l'ai dit, je viens ici comme à un pèlerinage. Vous m'avez vue agenouillée, je priais pour Rose. Quoiqu'elle ne soit pas enterrée ici, cette maison me semble être son tombeau. Quand j'y passe la nuit, je la vois sans cesse qui m'apparaît avec son poignard dans le cœur. »

La centenaire regarda le pastel représentant sa sœur.

« Elle aussi m'a pardonné, la pauvre enfant; quand elle m'apparaît elle n'a plus l'air menaçant, elle me sourit avec ses beaux yeux comme dans ce pastel. Ah! Rose, ah! Rosette, je t'ai tuée pour un homme indigne de toi et de moi. Pauvre enfant, est-ce ta faute si tu l'aimais? ne l'aimais-je pas, moi? Ah! comme j'ai aimé ce cruel de Villiers.

Je repris une dernière fois la main de la centenaire.

— Adieu, madame, lui dis-je, ou plutôt au revoir, car je veux revenir causer avec vous.

— Dépêchez-vous, car à mon âge on ne donne plus de rendez-vous qu'à la mort.

Je demandai à Mlle Beaumesnil si elle voulait que je l'accompagnasse au chemin de fer pour retourner à Versailles, mais elle me dit qu'elle passerait la nuit à Paris « avec sa sœur. »

Deux mortes! celle qui était morte à vingt ans n'était-elle pas plus vivante que celle qui était encore debout?

— Mais, vous n'avez pas dîné, dis-je à Mlle Beaumesnil.

Elle me montra un petit panier.

— Si j'ai faim, dit-elle, j'ai là du vin d'Espagne et des biscuits.

Et me saluant :

— Adieu! adieu! reprit-elle, je vais me coucher.

Je lui pris la main et je sortis. Je la recommandai à la vacherie voisine.

— Oui, oui, me dit-on, c'est une vieille folle qui ne veut pas qu'on mette les pieds chez elle. N'ayez pas peur, elle nous enterrera tous. C'est une sorcière!

J'espérais bien revoir Mlle Beaumesnil à Paris ou à Versailles, mais il paraît qu'elle mourut le lendemain, à son arrivée, rue de l'Orangerie. Ces dernières émotions l'avaient achevée. Elle avait voulu revivre une heure dans ses vingt ans. Cette heure de jeunesse l'avait tuée.

En vertu de son testament, sa voisine de Versailles fit vendre à la Chambre des notaires la maison et le mobilier de Paris. La maison fut vendue pour le terrain 48,050 francs.

On a vendu ces jours-ci le mobilier de Paris à l'hôtel des ventes : vous pensez bien si j'ai acheté les deux pastels ! vous les trouverez chez moi accrochés en pendants, ces deux pages d'histoire intime qui ne m'ont pas coûté cinq louis.

Je n'avais pas remarqué d'abord que dans son pastel Margot Beaumesnil tient un éventail. C'est cet éventail qui a appelé le poignard !

III.

LA REVENANTE.

Le mois passé, on me dit que la petite maison de Mlle Beaumesnil venait d'être adjugée aux démolisseurs moyennant 925 francs. Ce n'était pas cher, car les grilles et les balcons en fer forgé, les cheminées et les boiseries valaient mieux que cela. Je voulus une fois encore revoir ces murs qui allaient tomber. J'y retournai le soir, et j'y retrouvai le même air de tristesse et d'abandon.

Par sa physionomie expressive, la maison semblait comprendre sa mort prochaine. Bâtie pour l'amour, témoin d'un crime, longtemps abandonnée, elle n'avait guère connu les gaietés du xviii° siècle. Elle avait fait son temps, il n'y avait pas de quart d'heure de grâce à demander; dès le lendemain, les démolisseurs allaient se mettre à l'œuvre.

J'y entrai donc. Quoique les pastels ne fussent plus là, je croyais les voir encore, tant ils m'avaient frappé, à mon premier pèlerinage. Je fis un dernier tour dans le jardin.

— Pourquoi n'ai-je pas acheté cette petite maison? me dis-je; elle serait restée debout, on l'aurait restaurée dans le style du temps. Il était facile de la louer pour qu'elle rapportât 5 ou 6 pour 100, puisque le terrain n'avait été vendu que 48,050 francs.

Il était trop tard.

Je m'arrêtai sous le berceau de vigne et je me mis à rêver du passé sous les derniers rayons du soleil.

Je sentais que Mlle Beaumesnil était encore avec moi.

Quand la nuit fut venue, il me sembla voir errer cette ombre de cent ans dans sa robe noire, sous son étrange chapeau à plume blanche qui rappelait à la fois les modes du vieux temps et les modes d'aujourd'hui.

C'était après une journée très-agitée; j'étais

revenu à pied du palais-Royal : je me laissai prendre par ce demi-sommeil où l'esprit n'ayant plus de point d'appui se heurte en même temps à la réalité et au rêve.

Il me sembla alors voir très-distinctement se dégager lentement du fond sombre du jardin le fantôme d'une femme, ou plutôt d'une jeune fille, tant la vision me parut svelte et légère. Ce n'était plus la vieille en robe noire. Je reconnus Rose Beaumesnil, avec une marque rouge sur son sein. Elle vint jusqu'à moi et s'agenouilla devant le berceau, comme j'avais vu, quelque temps auparavant, s'agenouiller sa sœur.

J'étais effrayé, mais je n'eus garde de chasser cette vision, comme si elle dût, elle aussi, me révéler un secret. Pourquoi Rose revenait-elle à ce berceau où avait prié sa meurtrière ? Ce n'était pourtant pas là qu'elle avait reçu le coup d'éventail et le coup de poignard.

Je me hasardai à lui parler :

— Pourquoi venez-vous ici ? lui demandai-je d'une voix douce, comme pour ne pas l'inquiéter.

Elle leva la tête et me fixa de deux grands yeux qui me parurent des étoiles détachées du ciel.

— Je viens là, me répondit-elle d'une voix fraîche, parce que je suis là.

Mon émotion m'éveilla; la vision s'évanouit comme une nuée.

Je repris mon scepticisme vis-à-vis des revenants, ne croyant qu'aux apparitions du rêve. Toutefois, je ne pus m'empêcher de songer qu'il était bien étrange que les deux sœurs, la vivante et la morte, fussent venues prier au même endroit.

Les rêves sont souvent des pressentiments de l'avenir, mais ils sont surtout les réverbérations du passé. Notre âme ne se joue pas seulement la comédie à elle-même avec ses sentiments, elle subit les lois mystérieuses de l'inconnu et confond les choses visibles avec les choses invisibles, le réel avec l'idéal.

Je vis venir à moi un invalide à qui les démolisseurs avaient confié la garde nocturne de la maison dans la peur qu'on n'enlevât les glaces, les cheminées et les balcons, dont ils savaient bien la valeur.

— Je suis un héritier, dis-je à l'invalide. Où pourrait-on trouver une bêche et une pioche? Il me semble qu'il y a quelque chose de caché sous le berceau; si nous trouvons ça à nous deux, vous aurez naturellement votre part.

L'invalide ne se le fit pas dire deux fois. Il revint presque aussitôt avec une bêche et une pioche.

— A nous deux, mon brave, repris-je, je vais piocher, détournez la terre.

Et nous commençâmes le travail par un des plus beaux clairs de lune que j'aie vus.

Mon pressentiment ne m'avait pas trompé. A trois pieds à peine, la pioche frappa sur des ossements.

— Qu'est-ce que c'est que cela? dit l'invalide.

— Ah! mon pauvre ami, nous nous sommes trompés, lui dis-je en ramassant le crâne de Rose Beaumesnil, nous ne nous disputerons pas notre trouvaille. C'est égal, je ne veux pas que vous perdiez votre temps, voici un napoléon. Je vais avertir le commissaire de police.

En effet, cinq minutes après, j'étais dans le cabinet de M. Angeli, rue des Écuries-d'Artois, à qui je contai comment je venais de déterrer une morte.

Il avait connu Mlle Beaumesnil parce qu'elle était venue se plaindre un jour à lui d'un vol de dentelles et de bibelots.

— Tenez, me dit-il, de tout ce qu'on lui a volé, je n'ai pu saisir que cet éventail.

— Voulez-vous me le donner?

— Oh! mon Dieu oui, moyennant 20 francs pour les pauvres, car c'est tout ce qu'il vaut.

— Il vaut mieux que cela, lui dis-je en lui passant un billet de cent francs qu'il remit au secrétariat.

Depuis hier, j'ai attaché l'éventail au-dessus du pastel.

Derrière le cadre du pastel de Rose Beaumesnil, je n'ai pas été peu surpris de trouver un autographe de Beaumarchais — une chanson que je n'ai pas lue ailleurs — :

> O belle Rose, prends-y garde,
> Le mot *j'aime* est plein de douceur:
> Mais tel qui souvent le hasarde
> N'a jamais eu le mot du cœur.
>
> L'esprit quelquefois s'en amuse,
> Il en saisit si bien l'accent,
> Que méchamment il en abuse
> Pour tromper un cœur innocent.
>
> Il faut une malice extrême
> Pour bien distinguer un amant;
> Celui qui dit mieux *je vous aime*
> Est quelquefois celui qui ment.

Qui ne sent rien parle à merveille;
Crains un amant rempli d'esprit;
C'est ton cœur et non ton oreille
Qui doit écouter ce qu'il dit.

BEAUMARCHAIS.

Sous la chanson, on peut lire aussi ce fragment d'une gazette de 1786 :

Cinq ou six Seigneurs Anglois étoient dans le Parterre, et ils y avoient déjà prouvé par plus d'une incartade que ceux de leur Nation, quand ils le veulent bien, peuvent effacer nos Petits-Maîtres. Tout à coup il leur prit fantaisie d'imposer silence à l'Orchestre. Les Musiciens les prièrent honnêtement de se taire eux-mêmes. Acteurs et Actrices joignirent leurs supplications à celles des Musiciens. Vaines prières! Mes jeunes Lords mettent l'épée à la main et commencent leurs exploits par la défaite de l'Orchestre. De là ils s'élancent legérement sur le Théâtre et en chassent avec le même succès les Héros et les Divinités mêmes. Jamais les Titans n'avoient causé plus de fraieur parmi la Troupe Céleste. Jupiter dans cette occasion perdit son foudre, et nos Braves oserent à sa barbe caresser Junon assez familiérement, Junon c'était Mlle Dozon. La pruderie de Diane, c'est-à-dire Mlle Beaumesnil, fut peu respectée. Il en coûte quelque chose d'être belle à l'Opéra. Venus se défendit fort mal, et Mars, qui voulut la secourir, fut fort mal mené par nos Héros. Enfin leur fureur se rallentit, et ils accorderent généreusement la paix aux vaincus. Ils exigerent seulement que l'Orchestre célebrât leur gloire par des Airs de triomphe, et ensuite l'Opéra recommença.

Mlle Beaumesnil n'avait pas voulu perdre les vers de Beaumarchais ni la prose du gazetier.

LIVRE X

CES DEMOISELLES

CES DEMOISELLES.

JE contai au diable l'histoire de la femme de cent ans.

— Je la savais, me dit-il. Son histoire avec sa sœur a été le roman de Paris sous les dernières années de Louis XVI. On disait en plein foyer de l'Opéra que c'était elle qui l'avait poignardée. Mais elle était si jolie et elle avait tant de chagrin que la reine ne voulut pas qu'on la mît en prison. A quoi bon, d'ailleurs ! Les crimes des passions de l'amour ne sont pas des crimes; l'exemple des supplices n'empêchera ni les actes de furie ni les actes de désespoir. Et, d'ailleurs, où commence et où s'arrête la justice ? Croyez-vous que l'homme qui tue sa femme à petit feu et qui brave l'impunité n'est pas plus coupable que celui qui, dans un accès de jalousie, la jette par la fenêtre ou lui donne un coup de couteau?

— Ne moralisons pas, car je ne veux pas aller à votre école pour refaire ma philosophie. Avez-vous des nouvelles de Mlle d'Armaillac?

— Vous voulez aller plus vite que les événements. Que vous dirai-je? Elle rit pour se prouver qu'elle ne pleure pas; mais son cœur est toujours son ennemi mortel. Nous la reverrons bientôt; en attendant, allons nous promener.

Le diable m'entraîna à l'enterrement civil d'un libre penseur âgé de trois ans et demi. Un de nos grands hommes parla sur la fosse des vertus civiles et privées de ce grand citoyen.

On vit avec les idées, comme on vit avec du pain. Il faut du pain à l'esprit. Aujourd'hui, le pain de l'esprit n'est pas le pain bénit. Beaucoup d'ivraie dans un peu de bon grain. Que dis-je, de l'ivraie? On y jette aussi toutes les herbes empoisonnées.

La sagesse de Socrate a fini par la ciguë; aujourd'hui l'intelligence commence par là. Si elle ne meurt pas jeune, c'est qu'elle s'habitue au poison.

Socrate disait que la sagesse est la santé de l'âme ; combien d'âmes malades à cette heure par la faute des charlatans politiques qui veulent refaire le monde sans Dieu, sans famille et sans argent ! On condamne aux travaux forcés les frappeurs de fausse monnaie, on devrait condamner aux travaux forcés de l'esprit les frappeurs de fausses idées : on donnerait aux athées des bibliothèques où il n'y aurait que des livres athées, aux communistes des bibliothèques où ils ne trouveraient que Babeuf et ses pareils; les premiers demanderaient bientôt *la Vie des Saints;* les seconds *le Testament du cardinal de Richelieu.*

C'est la fausse monnaie de l'esprit qui appauvrit la France.

Les grands écrivains du siècle de Louis XIV frappaient de l'or vif; au xviii° siècle, on a mis beaucoup d'alliage : aujourd'hui, on a toutes les peines du monde à reconnaître la fausse monnaie. Elle vient de tous les points, d'en haut et d'en bas, mais surtout d'en haut. Il est bien peu d'esprits contemporains qui ne lui aient donné le cours forcé.

Où voulez-vous que le peuple prenne sa confiance et son point d'appui si ce n'est dans les esprits supérieurs qui sont à la surface? Voilà pourquoi tous les hommes qui ont charge d'âmes devraient s'évertuer à donner toujours le grand exemple du Beau, du Bien et du Vrai.

Il y a trop longtemps que les grands esprits gueusent la Popularité, cette fille publique qui trinque pour eux au cabaret. Si on la regardait en face, quel est le cœur un peu fier qui n'aurait soif de l'Impopularité, cette belle dédaigneuse qui fuit le monde avec Alceste?

Il faut avoir le courage, si on aime le peuple, de lui être utile et désagréable. Si Lamartine et Victor Hugo s'étaient contentés de la plus belle des royautés, la royauté de l'esprit humain, quels admirables prédicateurs en vers et en prose! Qui donc a mieux parlé de Dieu et des hommes, de la grandeur du devoir, de la charité, du sacrifice, de toutes les poésies de l'âme? Quelle admirable école que leurs livres, s'ils ne se fussent passionnés pour la politique au jour le jour, quand ils devaient laisser tomber leur regard d'aigle sur la politique séculaire!

Vainement ils ont répandu toutes les générosités et tous les dévouements sur les misères contemporaines ; loin de les adoucir, ils les ont enfiévrées : Lamartine, avec toutes les éloquences d'un Girondin ; Victor Hugo, avec toute l'audace d'un Montagnard. Que voulaient-ils tous les deux ? L'humanité triomphant des préjugés qui l'asservissent, comme si on pouvait délivrer l'homme de ses maladies. C'est la loi fatale ; aussi celui qui prêche le sacrifice est-il toujours plus près de la vérité que celui qui prêche la révolte.

Au XIXe siècle, les hommes les plus sympathiques trahissent leur personnalité. Plus Dieu les a doués, plus ils font la grande école buissonnière pour jouer au téméraire, à l'impeccable, au satanisme.

— Mais n'en croyez rien, dis-je au diable. L'athéisme c'est la fausse monnaie dont se paient les libres penseurs, mais les grands hommes qui lui donnent le cours forcé ne s'en servent pas pour eux. Ils mourront tous en état de grâce pour vous braver après vous avoir servi.

Comme le diable aime les contrastes, il me proposa, au retour de cet enterrement civil, de me conduire chez une petite dame à la mode qui demeure avenue Friedland, et qui, tous les jours, donne à goûter aux femmes qui vont au bois. Cela s'appelle le coup de l'étrier.

— Vous n'imaginez pas, me dit le marquis de Satanas, quel charmant babil d'oiseaux chanteurs. Elles arrivent bruyamment dans cette cage dorée pour se faire les griffes et le bec. C'est l'escrime de l'esprit et de l'amour. Elles se retrempent, tout en prenant du thé, dans les amorces du péché.

— Mon cher ami, dis-je au diable, c'est sans doute un fort joli spectacle, mais vous me faites faire de trop mauvaises connaissances. Si je raconte mes pérégrinations dans les enfers de Paris, on dira bientôt que je suis de mauvaise compagnie.

— Vous êtes fou! Qui dira cela? Quelque Prudhomme en cravate blanche; un réformateur à la petite semaine qui prêche la moralité le matin, mais qui ne dit pas où il va le soir; ou bien encore, quelque grimaud de la critique entiché des romans bourgeois. Avez-vous lu Horace?

— Si je l'ai lu? Je l'ai trahi, — c'est-à-dire traduit.

— Eh bien! Horace est le maître des anciens

et des modernes. Croyez-vous qu'il a eu peur des courtisanes, celui-là? Ainsi pour peindre Barine comme il l'a fait, ne fallait-il pas qu'il la connût bien?

Il me semble que le diable avait évoqué Barine, cette beauté souveraine qui entraînait Rome. Barine au siècle d'Auguste, c'est Phryné au siècle de Périclès. Elle tenait table ouverte; toute la jeunesse dorée du patriciat bourdonnait dans son atrium; les poëtes et les artistes, les orateurs et les consuls, les princes de l'empire, tous s'inscrivaient chez elle. C'était Pénélope ne défaisant pas la nuit ce qu'elle avait fait le jour; mais Pénélope, toute reine qu'elle fût, n'était qu'une petite bourgeoise, si on la compare à Barine, traversant en litière la ville éternelle, sans céder le pas aux dames romaines. Comme les plus nobles, elle avait sa maison aux Esquilies, sa place était marquée au Cirque et au théâtre: « Elle sacrifie aux dieux, et Jupiter ne la foudroie pas; elle lègue sa fortune à Rome, et Rome ne répudie pas l'héritage. » D'ailleurs, Horace le dit : « Perfide comme l'onde et dangereuse comme la sirène. » Mais n'était-ce pas sa destinée de trahir, de trahir encore, de trahir toujours? A chaque trahison, n'était-elle pas plus belle encore?

Je croyais donc la voir réapparaître sous le peplum flottant et voluptueux, réseau d'or à la chevelure, portant sa fortune dans ses colliers et ses bracelets de pierreries. Plus d'un beau fils baise la courroie d'argent de ses péribarides, un peu plus il s'y enchaînerait. Elle coudoie César en passant. César et Barine, les deux indomptables. Leurs yeux victorieux se rencontrent étincelants. Tous les deux, le héros et la courtisane, ont fait le massacre sur leur chemin ; mais dans sa sérénité, la sacrilége Barine a peut-être moins de remords que César. Si le maître fait trembler le monde, Barine ne fait-elle pas trembler Rome? Écoutez Horace : « Tout réussit à Barine, même si elle se parjure par les cendres de sa mère, par Phœbé la silencieuse, par les étoiles qui la regardent, par tous les dieux immortels. »

Et Horace, qui dîne chez elle, écrit à tous les siècles futurs que la jeunesse romaine grandit pour Barine. « Aussi quel effroi elle inspire. Elle fait trembler la mère pour ses fils ; elle épouvante les avares; à son nom seul pâlissent les jeunes épouses. » Elle souffle l'orage et la tempête des passions; elle va devant elle sans que Rome s'indigne; nul n'ose s'opposer à cette destinée radieuse et terrible; elle sera jusqu'au bout la belle impunie, puisque depuis tant de siècles son nom nous arrive dans une ode d'Horace.

— Voyez-vous, reprit le diable, si Horace s'était considéré comme un bon père de famille, et qu'il eût peint les infiniment petits du menu citoyen de Rome, il n'eût pas survécu une heure. L'ennui ne crée que l'ennui.

— Ne vous imaginez-vous pas, dis-je au marquis de Satanas, que j'ai peur des aventures périlleuses? Si on veut étudier la société par le cœur, il faut la prendre au sommet, quels que soient les personnages. Or, une courtisane à la mode a son genre de royauté aussi bien qu'une reine : reine et courtisane ne sont souvent séparées que par un homme. Mais n'abusons pas de ce fumier, même si on y trouve des perles.

Nous allâmes goûter avenue Friedland — ni à l'hôtel de Mlle Marguerite Bellanger, détrônée aujourd'hui par Mlle Leninger — ni chez sa voisine Delphine de Lizzi — ni chez Henriette

Drouard — ni chez Trente-six-Vertus — ni chez la Taciturne.

C'est chez Fleur-de-Pêche. Elle est hospitalière — vers quatre à cinq heures. — Elle aime à faire du bruit et à vivre dans le bruit. Aussi, chez elle, on commence à s'entendre quand on ne parle que quatre à la fois. Et comme on tourmente le piano! Et comme on chante sur tous les airs connus! C'est le charivari de la gaieté et de la jeunesse. Le thé y est excellentissime. Est-ce parce qu'il est servi dans du vieux Japon et que la dame de la maison, qui est fort jolie, y met un peu de ses vingt ans? Qu'importe à quelle coupe on boit, si c'est l'illusion?

A ce thé diurne, on conte beaucoup d'histoires. C'est là que j'ai ouï celles que je vais redire :

LE BAPTÊME DES PÉCHERESSES.

Ceci n'est pas un conte d'hier ni même un conte.

Mlle Anaïs Dubois avait réuni quelques-unes de ses petites amies pour planter la crémaillère dans son joli appartement de la rue de Clichy.

Elle avait dit à ses petites amies d'amener leurs amants.

Rassurez-vous, elle avait limité le nombre, chacune de ces demoiselles avait le droit d'amener un homme. L'amant de cœur était sévèrement banni parce qu'on devait risquer la fortune des autres au baccarat. Il ne faudrait pas croire pourtant qu'on fit des folies dans ce monde-là, ces demoiselles ne faisaient encore que grapiller dans la vigne des courtisanes, la moins riche allait en omnibus et la plus riche n'avait pas de quoi rouler carrosse.

Comment M. Delaage-d'Or se trouva-t-il là ?

C'est qu'il est partout chez lui, hormis quand il reste chez soi. M. Delaage-d'Or est un voyant, un ami de toutes les femmes, qui aime la bonne aventure. Il sait sur le bout du doigt la fortune de tous les hommes, ce qui est leur bonne fortune ; c'est le journal intime par excellence, c'est lui qui a inventé le reportage. Comme il est doué de la seconde vue, il parle des choses du lendemain, comme un homme qui y était.

Or, ce soir-là, chez Mlle Anaïs Dubois, on ne se risqua pas au baccarat, parce que les doreurs de cartes ne vinrent pas. Non qu'ils dédaignent la crémaillère d'argent de l'amphitryone, mais parce que le hasard les avait tous pris ce soir-là dans le monde officiel, qui à l'Elysée, qui chez le ministre des affaires étrangères, qui chez Mme la princesse Mathilde, qui chez la reine d'Espagne, sans compter les travaux forcés du cercle et de la famille.

M. Delaage-d'Or était pensif.

— Voyez-vous, mesdames, dit-il à ces demoiselles, vous ne savez pas pourquoi ces messieurs ne sont pas venus à ce petit réveillon digne d'un meilleur sort, c'est que vous avez deux torts impardonnables : primo, vous êtes de la jeune garde, et il n'y a que la vieille garde qui soit à la mode; secundo, vous êtes fort jolies, mais vous n'en êtes pas encore à votre second baptême.

— Qu'est-ce que cela veut dire? s'écria Mme Louise Deschamps.

— Cela veut dire, reprit M. Delaage-d'Or, que vous, par exemple, si au lieu de vous appeler Louise Deschamps, vous vous appeliez Rosedes-champs, vous seriez célèbre demain, effeuillée après-demain.

— Comme il y va, ce sorcier, mais je ne veux pas être effeuillée si vite.

— Vous, Virginie Dupont, reprit le voyant, il faut vous appeler Virginité, et vous verrez comme on passera le pont.

Vous, Mademoiselle Catherine Bardou, qui êtes si blanche et si fraîche, vous qui fumez comme une princesse russe, appelez-vous Cigarette, vous verrez comme on vous fumera dans le monde.

— Et moi ? dit Léontine Lavigne.

— Vous, ma chère, attendez donc. J'ai trouvé. *Euréka!* je vous baptise Feuille-de-vigne : tout le monde voudra rouvrir le paradis avec vous.

— Et moi? dit Mlle Joséphine Ardouin.

— Vous? vous ne vivez que la nuit, vous êtes une noctambule, vous avez horreur du soleil, je vous baptise Belle de Nuit.

— Et moi, dit Mlle Mélanie Clémenceau.

— Vous? on vous appelle déjà Nini, c'est un commencement; vous chantez comme une chanson, on vous appellera Nini-Chanson.

Ce fut ce jour-là qu'on baptisa ou plutôt qu'on rebaptisa Peau de Satin avec une cédille, Poignardinette, Fleur de Thé et Castagnette.

Les demoiselles ne pouvaient s'habituer à leur nom de guerre, car c'étaient de vrais noms de guerre, l'une répondait pour l'autre, celle-ci pour celle-là.

Vers minuit et demi, il arriva un amoureux. C'était l'amant de Joséphine Ardouin.

La maîtresse de la maison lui dit :

— Ne cherchez pas ici Joséphine Ardouin, elle s'est métamorphosée en Belle-de-Nuit.

L'amoureux fut effrayé.

— Je comprends, dit-il.

— Nous avons toutes changé de nom. C'est M. Delaage-d'Or qui a été notre parrain.

— Est-ce que vous comptez changer d'amant? demanda le nouveau venu avec inquiétude.

— Peut-être, dit Mlle Belle-de-Nuit, nous sommes à notre seconde manière et notre parrain porte bonheur. Nous vous avons trop habitué aux petits ménages, nous voulons maintenant vivre à quatre chevaux, comme l'arrière-garde. Et nous sommes décidées à marcher en avant. Ce n'est pas une raison parce que nous avons vingt ans pour que les femmes de quarante ans aient le pas sur nous.

Un second amoureux arriva, puis un troisième, puis un quatrième. On leur conta la cérémonie du baptême et la prétention de ces demoiselles.

— Tudieu! s'écria l'un d'eux, c'est la révolte au sérail.

— Eh bien, dit Belle-de-Nuit, soyez bons turcs, sinon vous ne serez plus que nos eunuques.

Depuis ce soir mémorable, ces demoiselles rebaptisées ont fait leur chemin dans tous les mondes.

MADEMOISELLE CIGARETTE.

On se demanda un soir chez Mlle Perle de Corail ce qu'était devenue Mlle Cigarette depuis ses extravagances de Spa.

Une des trois Caroline prit la parole :

— Vous ne savez pas un mot de votre histoire, vous autres, vous êtes légères comme les femmes légères, vous ne sondez jamais cet abîme de ténèbres qui s'appelle une fille d'Ève, voilà pourquoi vous ne savez pas ce qu'elle est devenue. Aphorisme : quand une femme disparaît du monde pour vingt-quatre heures ou pour six semaines, c'est qu'elle est amoureuse.

Une de ces dames fit remarquer qu'elle était tous les jours amoureuse et qu'elle ne se cachait jamais.

— Tu n'as pas la parole, reprit la première des Caroline, tu dirais des choses spirituelles et je ne veux dire que des bêtises, parce que le véritable amour est bête et que tu as trop d'esprit pour avoir jamais aimé. Cigarette, c'est autre chose. Nous autres, nous vivons comme le philosophe dans une maison de verre, tandis que Cigarette cache sa vie. Mais j'ai surpris son secret. Écoutez bien cette légende :

HISTOIRE D'UN AMOUR CACHÉ.

« Il y a sept ans, Cigarette s'appelait Catherine Bardou ; c'était une simple rosière qui arrivait de la Normandie pour se faire couronner. En attendant, elle fut cuisinière n°2 chez le prince d'Hénin.

« La Normandie, c'est le pays des pommes. Le pommier c'est l'arbre de la science du bien et du mal. Sans doute Catherine passa sous l'arbre et emporta une pomme, car, à peine arrivée à Paris, elle fit croquer sa pomme à un ciseleur qui était un peu de son pays.

« Le cidre lui en vint à la bouche. Elle fit aussi croquer sa pomme à d'autres amoureux, mais elle revint toujours au premier, en disant qu'il avait de meilleures dents.

« Vous savez toutes que Cigarette a une petite figure chiffonnée, beauté qui s'acoquine si bien avec ses yeux bleus et ses jolies dents, que les hommes, en passant auprès d'elle, ne se retournent pas de l'autre côté. On dirait en vérité que cette Normande est née à Paris, rue Notre-Dame-des-Lorettes : petites mains blanches, pieds cambrés, taille de roseau. Sur ma foi, je ne sais pas comment une si jolie fille est née dans une famille de paysans, à moins qu'elle n'ait été changée en nourrice.

« Au bout d'un an d'arrière-cuisine, elle n'avait encore fait que quatre maisons, car c'était un modèle de travailleuse dans la haute et majestueuse corporation des cuisinières. Elle était tombée au service d'une parvenue qui faisait elle-même danser l'anse du panier. Cigarette alla chez la comtesse de Sombrevanes, disant qu'elle ne voulait pas servir les bourgeoises, parce qu'elle avait horreur des comptes de cuisinière que tiennent ces dames.

« Chez la comtesse de Sombrevanes, elle se trouva dans son milieu. La comtesse la voyant si délicate dans la grande cuisine de son hôtel, l'éleva du rang de cuisinière au rang de femme de chambre. — Je n'oserais pas dire cela devant ma cuisinière, qui croit avoir le pas sur ma femme de chambre, — et qui a peut-être raison.

« On donna une fête chez la comtesse de Sombrevánes, Cigarette fut mise au vestiaire, avec une habilleuse de théâtre et une fleuriste du quartier.

« Elle était si gentiment attifée que tous les hommes auraient voulu pouvoir oublier leur manteau pour qu'elle allât le leur reporter le lendemain.

« Elle eut un vrai succès : un ministre plénipotentiaire fut un quart d'heure à déposer son pardessus et un quart d'heure pour le reprendre, total trente minutes dans l'antichambre. La maîtresse de la maison s'écria :

« — Est-ce qu'il y aurait de mauvaises nouvelles de son pays? Nôtre diplomate était furieusement occupé ce soir, il n'a fait que disparaître.

« Or, tout en reprenant son pardessus, il avait dit à Catherine Bardou, en lui remettant sa carte :

« — Venez me voir demain, je suis un homme sérieux, j'ai le bras long, je puis vous être utile et agréable.

« La femme de chambre avait pensé qu'il ne lui serait sans doute pas agréable, mais qu'en effet il pourrait bien lui être utile.

« Aussi, le lendemain, elle ne manqua pas le rendez-vous.

« — Un ministre *plénipotentaire*, disait-elle en se regardant orgueilleusement dans son miroir.

« En ce temps, Cigarette ne savait pas bien lire. Elle avait encore son orthographe de cuisinière, elle écrivait poisson comme on écrit poison, pour ne citer qu'un seul mot. Voilà pourquoi elle disait « un ministre plénipotentaire. »

« Le diplomate la trouva tout aussi jolie que la veille. Il y a trois ans, elle défiait encore le soleil, notre ennemi à toutes.

« Le ministre la conduisit dans son landau au petit Moulin-Rouge. Mais on passa par la porte dérobée.

« On prit un cabinet pour deux et un dîner pour quatre. On se mangea de baisers.

« Catherine s'imaginait qu'elle aimait le ministre plénipotentaire parce que c'était un ministre plénipotentaire.

« Peut-être aussi était-ce à cause des compliments qu'il jetait sur la nappe : il n'avait jamais rien vu d'aussi joli, c'était un ange de candeur ; un peu plus, il la couronnait rosière. Cigarette en avait des larmes aux yeux.

« Tout cela fut bel et beau jusqu'à onze heures. Mais Cigarette dit tout à coup :

« — Que va penser madame la comtesse, si je ne suis pas là quand elle va revenir des Italiens ?

« — Eh bien ! madame la comtesse se fera déshabiller par son mari ou par son amant, dit l'indiscret ministre.

« Cigarette insistait, vrai dragon du devoir, mais le plénipotentiaire lui jeta négligemment un billet de cinq cents francs en lui disant : — Je vous paie vos huit jours. Vous irez demain trouver Mme de Sombrevanes, vous lui direz que votre famille vous rappelle, après quoi vous prendrez une chambre à l'hôtel de Bade, où j'irai tous les jours vous faire des cigarettes, puisque vous les fumez si bien. »

La Taciturne admira les belles manières du diplomate.

— Quand on pense, dit-elle, que si cette petite Cigarette avait été habillée comme nous, il ne lui eût pas donné cinq louis. Ce que c'est que le contraste. J'ai bien envie de me mettre un petit bonnet et un tablier blanc.

— Prends garde ! s'écria la conteuse, on te prendrait au mot. Mais je continue :

« Le lendemain, ce fut une vraie métamorphose. Cigarette entra au magasin du Louvre et dépensa 490 francs pour être un peu moins jolie, quoiqu'elle fût mieux habillée.

« C'est qu'elle ne savait pas encore porter une robe. Les premières venues s'imaginent que c'est la robe qui vous habille, mais il faut avoir l'art d'habiller la robe.

« Je l'ai connue vers ce temps-là, elle avait un petit air gauche et pauvre dans ses jupes de soie, tandis qu'elle dominait de toute sa beauté ses jupes de coton. Il y a des femmes qui font deux avec leur robe : la femme va d'un côté, la robe va de l'autre.

« Vous croyez que quand Cigarette fut dans sa chambre de l'hôtel de Bade avec 490 francs sur le dos et 10 francs dans sa poche elle fut la plus heureuse fille du monde. Et bien, vous n'y êtes pas. Cigarette se mit à pleurer; quand elle eut fini, elle recommença.

« Le secret de ses larmes c'est qu'elle n'aimait pas le ministre plénipotentiaire.

« Or, savez-vous pourquoi elle n'aimait pas le diplomate ; c'est parce qu'elle aimait toujours son amant. Elle ne voulait pas se l'avouer, mais cela était ainsi. Elle chercha à s'arracher du cœur cette passion déjà ancienne, surtout quand le ministre « la mit dans ses meubles, » rue du Colysée. Elle voulut se prouver que le diplomate était parfait ; il lui parlait avec toute la grâce d'un homme de cour, il lui promettait un coupé à deux chevaux, il lui avait déjà offert un bracelet et des boucles d'oreilles, il parlait d'un ameublement Louis XVI du plus beau style, il lui donnait lui-même des leçons de piano, en un mot il voulait en faire une fille à la mode.

« Cigarette était ravie de sa destinée, mais elle avait le mal du pays, pareille à ces soldats qui sont partis d'une affreuse bourgade et qui meurent de chagrin dans un pays charmant.

« La figure du ciseleur était toujours devant ses yeux. C'était un beau gaillard aux larges épaules, des cheveux en brosse, une bouche railleuse et des yeux malins. Il y avait du diable dans cet homme.

« Cigarette s'était laissée prendre et elle était bien prise. Le ciseleur lui parlait rudement, il la secouait comme une poupée. S'il ne levait pas la main sur sa figure, pour parler comme les bourgeois, il levait souvent le pied sur ses jupes. Il faisait acte d'homme selon son expression.

Cigarette trouvait le diplomate trop féminin.
— C'est fini! dit-elle au bout de quatre jours, je ne pourrai jamais vivre sans Adolphe.

« Il s'appelait, il s'appelle Adolphe. Mais que dirait Adolphe s'il savait que sa Catherine avait accepté les présents d'un aristocrate, car Adolphe était un démagogue qui ne jurait que par Rochefort.

« Cigarette trembla à cette seule idée. — Il m'a parlé de M. Brutus, — dit-elle, — il me tuera.

« M. Adolphe voulait bien accepter les présents de Catherine, mais sa démagogie ne lui permettait pas d'aller plus loin.

« Quand elle était cuisinière il daignait dîner à l'office et surcharger ses comptes de cuisinière tout en multipliant l'addition, mais permettre qu'un ange comme elle se mésalliât avec un ministre plénipotentiaire, voilà ce que ne lui permettait pas son fier républicanisme.

« Moi qui vous parle, mesdames, je connais M. Adolphe : il vous fera fusiller à la prochaine Commune pour avoir entretenu des relations avec des princes du sang royal et impérial.

« Comment la pauvre Cigarette pouvait-elle se tirer de là ? Retourner chez la comtesse de

Sombrevanes pour reprendre son tablier, elle n'en avait pas le courage, mais ne pas revoir son Adolphe, c'était pire que la mort, ne plus être rudoyée par ce républicain sans peur et sans reproches, ne plus chanter avec lui ces jolies romances mises à la mode par Thérésa, ne plus aller le lundi — car c'était le lundi qu'elle faisait le dimanche — caboulotter avec son amant dans la compagnie de quelques drôles, plus drôles que lui, c'était trois fois impossible.

« Le ministre la trouvait de plus en plus distinguée, parce que le chagrin l'avait pâlie. Mais elle ne voulait pas mourir de chagrin ; elle imagina cette comédie. Écoutez bien !

« Elle avait pris à son service une de ses amies de l'antichambre, une de ces bonnes à tout faire, tantôt avec un tablier de cuisinière, tantôt avec un tablier de femme de chambre. — Ma chère, lui dit-elle un soir, il faut que tu me sauves du désespoir. Tu iras chez Adolphe — ce pauvre Adolphe ! — Tu lui diras que j'ai changé de condition et que je suis maintenant chez Mlle Cigarette, je veux dire chez Mme de Crécy, une grande cocotte forte en chignon. Voilà ce que j'ai imaginé : Il viendra me voir, il passera par l'escalier de service, il sonnera à ta cuisine, tu lui diras que je vais venir et tu lui donneras à boire. Tu viendras m'avertir, je descendrai quatre à quatre, je me rhabillerai avec mes hardes de cuisinière, je courrai dans la cuisine et nous ferons la noce comme au beau temps. N'est-ce pas que c'est là une belle comédie ?

« La bonne à tout faire fut enthousiaste au point qu'elle embrassa la dame de la maison. — Ah! madame, que je vous reconnais bien là, les grandeurs ne vous ont pas gâtée comme tant d'autres.

« Ce qui fut dit fut fait, le ciseleur ne se fit pas prier; il vint en toute hâte, il grogna comme un dogue pour accentuer sa jalousie.

« Le vin de la cuisine était bon : du Château Iquem offert par le diplomate. Adolphe s'attendrit. On se jeta dans les bras l'un de l'autre, on faillit y rester!

« Ah! mesdames, je crois que M. Adolphe nous manque un peu : à force de donner dans les princes, nous abandonnons les hommes, mais tout le monde n'a pas comme notre amie Cigarette la nostalgie de la cuisine.

« Elle m'a confié son secret, parce qu'il faut

toujours prendre un confesseur. Si je la trahis aujourd'hui, c'est par l'habitude que j'ai de trahir mes amies; mais plus je les trahis, plus je les aime.

« Ah! si vous saviez comme Cigarette est gentille quand elle fait des frais pour recevoir M. Adolphe, avec son petit bonnet de travers qui a l'air de se mutiner, avec sa robe de toile à mille raies, son blanc tablier grand comme une feuille de vigne. On dirait que c'est pour jouer la comédie, mais ne la joue-t-elle pas en effet ?

« M. Adolphe n'y voit que du bleu. Il n'a pas eu une fois l'idée que c'était la maîtresse de la maison qui se déguisait en femme de chambre pour descendre jusqu'à lui, je me trompe, pour s'élever jusqu'à lui.

« Il a bu le vin du ministre plénipotentiaire sans plus de religion que s'il buvait du vin au litre. Cigarette a passé du ministre dans les bras d'un banquier, — puis d'un fils de famille, — puis d'un père de famille, — et toujours M. Adolphe a bu le vin de ces messieurs.

« Il y a quinze jours, ils sont partis pour la foire de Rouen, un vrai pèlerinage au pays natal. Naturellement ils ont pris les troisièmes et le train omnibus, à la bonne franquette, en veux-tu en voilà, va comme je te pousse, tu n'en veux plus, en voilà encore.

« C'est ainsi, mesdames, que la ci-devant Marguerite Bardou, dite Cigarette, s'éclipse souvent sans qu'il en soit question dans l'almanach.

« Après tout, elle a raison. Elle obéit à son cœur qui ne vit que par cette passion. Tout pour M. Adolphe! Elle ne donne à ses autres amants que les miettes de sa table. »

MADEMOISELLE VAS-Y-DONC!

Mlle *Vas-y-donc* est-elle cousine de Jeanne Toutyva? — Elle est surtout cousine de M. Bourdon.

M. Bourdon est l'homme le plus affairé du monde. Il est dans toutes les grandes entreprises de chemins de fer français et dans toutes les grandes illusions d'emprunts étrangers. Il n'a pas le temps de vivre, à peine s'il a le temps d'aimer. On lui connaît pourtant quatre maitresses en titre. Je ne parle pas de sa femme légitime : elle n'a jamais été sa maîtresse, même pendant la lune de miel.

Pourquoi a-t-il quatre maîtresses?

C'est une bonne bête qui mène les hommes et qui se laisse mener par les femmes. Il a quatre maîtresses parce qu'il n'ose briser avec aucune d'elles. Il croit bien qu'elles le trompent un peu, mais la quantité le console de la qualité. Dans le chaos de ses idées, il oublie leurs noms, ou plutôt il les confond.

Il sort le matin avant d'être éveillé, il va à un conseil d'administration ou à un rendez-vous d'affaires. Il a autant d'agendas que de maîtresses, mais il les laisse partout, si bien que le plus souvent, il n'a sur lui pour memento que le poignet de sa chemise. C'est une tablette comme une autre, blanche et ferme, du vrai papier vergé.

Comme il n'a pas de mémoire, il écrit le matin, dès qu'il est dans son coupé, l'emploi de sa journée. C'est de la sténographie s'il en fut.

Armande veut dire que ce diable à quatre ira déjeuner avec la plus matineuse de ses maîtresses. *Chiffonnette* veut dire qu'il ne doit pas oublier de porter une poignée d'or à cette jeune coquine. *Olympe* lui rappelle qu'il devrait bien écrire à cet ange déchu qui l'attend à Monaco. *Vas-y-donc* signifie qu'entre onze heures et minuit il trouvera cette jeune égarée dans une avant-scène de petit théâtre.

Quand il rentre chez lui, à deux heures du matin, il efface comme il peut ces signes cabalistiques. C'est pour cela qu'il a toujours une croûte de pain dans sa poche depuis le déjeuner jusqu'au souper.

Mais on ne saurait songer à tout. Voilà pourquoi plus d'une fois la blanchisseuse a remarqué ce poignet mystérieux. Avant de le livrer aux flots, comme elle ne veut pas que le fleuve de l'oubli emporte de telles révélations, elle les a transcrites dans son livre. Pour être blanchisseuse on n'en est pas moins femme. Aussi s'est-elle amusée à porter un coup terrible dans le cœur de Mme Bourdon.

— Madame, lui a-t-elle dit un jour, il arrive souvent que je trouve des écritures sur les chemises de votre mari.

— Comment des écritures?

— Oui, madame. Comme c'est un homme qui

n'est pas le premier venu, j'ai jugé que mon devoir était d'en prendre copie avant de jeter la chemise à l'eau. Je vous apporte toute la rédaction. Il y a des noms, il y a des dates, il y a des chiffres. C'est un grimoire, mais enfin M. Bourdon s'y reconnaitra sans doute.

Et Mme Bourdon a lu avec une curiosité inquiète.

— Qu'est-ce que c'est que cela? *Vas-y-donc!*

— Ah! oui, madame, pour ce qui est de *Vas-y-donc*, on voit cela sur presque toutes les chemises. Mais par exemple *Olympe* n'y est que deux fois.

— C'est bien, madame, ce sont des noms de fabrique, voyez-vous. Je montrerai cela à mon mari.

— Oui, madame, dit la blanchisseuse en sainte-n'y-touche, j'avais jugé comme vous que c'étaient des noms de fabrique.

Et se parlant à elle-même :

— D'autant plus que toutes ces demoiselles ont des noms de fabrique.

Ah! ce fut une belle scène, digne du théâtre, quand M. Bourdon rentra entre minuit et une heure du matin.

— Monsieur! nous allons laver notre linge sale en famille.

Elle lui apporta le livre de la blanchisseuse.

— Monsieur, voudriez-vous me dire ce que signifie ce *Vas-y-donc?*

Le mari jura de n'y plus aller.

Or, voici son histoire avec cette drôlesse qui se nomme de son vrai nom Anaïs Marchand.

Mademoiselle Vas-y-donc est une jolie fille égarée dans les petits théâtres. Elle est fort à la mode depuis que lord Sommerson a daigné souper avec elle et passer l'Océan en sa mauvaise compagnie.

Mais une fois de l'autre côté de l'eau, le marquis l'abandonna aux hasards de sa vertu. Il ne repassa pas l'eau avec elle.

C'était au moment des fêtes du Derby.

Chaque année les statisticiens officiels du demi-monde constatent vers la fin d'avril une diminution de population féminine dans les parages des Champs-Élysées et de la Chaussée-d'Antin.

Où vont ces beautés disparues? « Où vont les vieilles lunes? demandait un jour Louis XV au duc de Duras. — Sire, je ne sais pas. Je n'en ai jamais vu, mais si vous le désirez, j'irai le demander à M. Cassini. »

Il paraît que Cassini alla le demander au maréchal de Richelieu qui le savait mieux que lui. Si vous voulez savoir où vont les fugitives déesses du demi-monde parisien, allez le demander aux sibylles de la fontaine Saint-Georges. Elles vous diront qu'au printemps elles vont comme les hirondelles annoncer le soleil aux peuples hyperboréens. Avant la fin de mai, elles sont toutes rentrées dans leurs nids soyeux, les hirondelles de Bréda-street ! D'où reviennent-elles, toutes pâles, toutes frileuses, mais les mains pleines?

A chaque renouveau, sur un joli coteau anglais, le Banslead-Bonns, a lieu le carnaval de Londres, je veux dire les courses d'Epsom, ce que les turfistes appellent « le bleu ruban du turf d'Epsom. »

Là, le jour du derby, tout Londres se précipite en calèches à quatre chevaux, stage-coaches, mail-coaches, victorias, tilburys, phaétons, broughams, tandems, dogcarts, gigs, cabs, tout ce que la carrosserie anglaise a inventé depuis le commencement du monde court au galop sur la grande route d'Epsom. Au beau milieu de ce tourbillon d'équipages, la moitié de Londres marche à pied : ouvriers de fabriques, cokneys, pickpockets, mendiants, shopkeepers, jolies filles, petits marchands avec leurs éventaires, saltimbanques, gypsies, porteurs d'aunt, sally, joueurs d'orgues. Tout cela piétine, crie, jure, danse, chante pour laisser quelques-uns des siens sous la roue des équipages.

Cette olympienne descente de la Courtille appelle chaque année beaucoup de ces demoiselles qui se risquent à passer la Manche.

Le derby chevalin n'est pas ce qui les attire, mais il existe une autre espèce de derby galant dont la tradition raconte des merveilles dans les soirées intimes. Si nous prenons aux Anglais leurs pur-sang, leurs turfs, leurs derbys et leurs Cora, les Anglais nous empruntent à usure nos ingénues à la mode. Mais ils ne peuvent les garder : les folles vierges parisiennes ont horreur du brouillard, de la bière anglaise et du thé aux sandwichs. Au bout d'une demi-lune de miel, elles repassent la Manche avec des banknotes pour papillotes, — quelquefois, hélas ! avec le pâle cortége des illusions perdues, — témoin cette lettre de M{}^{lle} Vas-y-donc, datée du dernier derby, adressée à M. Bourdon, déjà nommé :

« *Courses d'Epsom de la Pénitence.*

« Oui, de la pénitence, comme tu vas voir. Par
« exemple, je n'ai pas encore pu savoir pourquoi
« on appelait ainsi ces courses de Londres. Mais
« je sais maintenant que les Anglais chez eux
« sont tous pirates et contrebandiers. J'avais
« passé la Manche avec le marquis de Sommer-
« son qui s'est éclipsé dans ses terres. J'ai dû
« transiger avec mes principes et ç'a été une
« autre paire de manches. Figure-toi que depuis
« huit jours j'étais très-bien avec un lord de la
« chambre des Lords ; il m'avait donné un loge-
« ment superbe dans son cœur, il paraissait
« m'aimer beaucoup : je me voyais déjà an-
« glaise, milady et pairesse, lorsque hier ce
« monstre m'a appris tout tranquillement qu'il
« allait me quitter pour retourner à Manchester,
« où il avait une manufacture de ciseaux, une
« femme et dix-huit enfants !
« C'était un patriarche ! quelle horreur !
« Les Anglais ne sont Anglais qu'en France.

« Viens vite me chercher, ou bien envoie-moi
« 1,000 francs. Je ne veux plus expatrier mon
« cœur et je n'aimerai plus que toi, mon bour-
« don bourdonnant.

« ANAÏS. »

Le style, c'est la femme, a dit M. de Buffon. L'historien de la nature n'avait-il pas donné ses manchettes à Mlle Vas-y-donc?

Son style plut à M. Bourdon : l'homme aux manchettes lui envoya 500 francs. Dès que Mlle Vas-y-donc remit le pied sur la terre ferme de Paris, il la reprit et l'afficha, au grand scandale des femmes du demi-monde qui n'avaient pas encore admis Mlle Vas-y-donc « dans leurs salons. »

Ce fut une passion s'il en fut.

Mme Bourdon ne se résigna pas à être détrônée par une fille qui portait un pareil nom : Vas-y-donc! Elle voulut y aller aussi.

Elle rencontra tout à point M. Alphonse Chevalier, un jeune boursier, un quart d'agent de change qui voulait avoir un quart de tout partout.

Il paraît que M. Bourdon perdit sa moitié à ce jeu-là.

Ces jours-ci, comme il déchiffrait à son tour les mémoires de la blanchisseuse, il a été quelque peu surpris d'y voir figurer des mouchoirs de batiste aux initiales A. C. Comme il n'a que des mouchoirs de toile marqués E. B., il a fait une enquête. Il a voulu savoir le nom du sultan qui jetait le mouchoir de batiste à sa femme.

Mme Bourdon est le modèle de toutes les vertus domestiques. Une femme sans ordre jetterait au feu les mouchoirs de batiste A. C. Mais pas si bête !

Naturellement M. Bourdon a découvert que c'était celui qui faisait ses affaires à la Bourse, — mauvaise liquidation. — Il n'était peut-être pas fâché que sa femme fût reportée fin du mois pour avoir la paix de l'intérieur, mais l'honneur conjugal lui mit le pistolet à la main, d'autant plus qu'un de ses amis avait dit devant lui qu'il faisait un vent à décorner les maris. On est allé se battre à la frontière. On dit que la vertu est toujours récompensée. Or, le mari a été blessé au genou, si bien qu'il n'ira plus d'un pas si rapide chez Mlle Vas-y-donc.

Les journaux ont à peine indiqué ce petit drame conjugal dont le troisième acte finira par la comédie de la séparation. On appellera cela *les Mémoires de la blanchisseuse.* Mais ce ne sera ni Bressant ni Brindeau qui joueront le rôle du mari, parce que ces messieurs ne jugent pas de leur dignité de jouer les maris trompés. Singulière prétention quand on pense que le grand Molière les jouait deux fois, dans sa maison et à la Comédie-Française.

LES FILS DE JOIE.

Le diable me dit :

— Voulez-vous ce soir descendre la spirale des abominations dans l'enfer parisien ?

— Je connais tout, lui dis-je, mais je ne suis pas fâché de retourner dans ces ténèbres avec votre lanterne.

— Ce sera la lanterne de Diogène. Nous chercherons un homme et nous ne le trouverons pas.

Nous montâmes dans le coupé rechampi aux couleurs de flammes. Les chevaux prirent un train d'enfer et nous conduisirent en quelques minutes devant un bal de barrière qui a pris pour enseigne la plus chaste des reines.

Nous fûmes accueillis par la musique de tous les bals de Paris, quadrilles d'Offenbach, valses de O. Métra, polkas de Lecocq.

— Voyez, me dit le diable, nous sommes en pays de connaissance du côté des femmes. Je ne parle pas des créatures sans nom qui portent leur numéro sur leur figure, mais voyez là-bas Mlle Toutyva, Mlle Cigarette, Mlle Fleur de Pêche et quelques autres qui, sans doute, sont venues là comme nous par curiosité.

On nous servit deux bocks, pendant que nous regardions — ces messieurs. — Ces messieurs, vous les avez reconnus, c'étaient les hommes entretenus du Paris infâme. Ils étaient là, barbouillés de poudre de riz, les cheveux en accroche-cœurs, vêtus comme dans la diplomatie, à cela près qu'ils portaient des cravates tapageuses sous leurs cols cassés. Tous avaient un air d'abandon et de dédain; quelques-uns jouaient de l'éventail. S'ils valsaient, ils se laissaient entraîner par la femme; s'ils dansaient, ils y allaient avec une coquetterie à la Célimène. Mais, ce n'était pas le pur langage de l'hôtel Rambouillet; vertubleu ! quelle langue verte ! ces dames de la Halle en eussent rougi.

Nous remarquâmes qu'ils nous regardaient beaucoup.

— Je vois ce que c'est, dit le diable, ils méditent de faire un mauvais coup. Ils sont ici chez eux et ne veulent pas qu'on les blague.

En effet, ces messieurs n'étaient pas contents de nos sourires.

— Attendez, reprit le diable, nous allons leur prouver que nous sommes de leur monde.

Et il me passa une cravate rouge et s'enroula le cou d'un foulard rose ; il fixa mon chapeau et le sien sur le coin de l'oreille ; après quoi il se leva et alla offrir des cigares à ces messieurs. La glace était brisée. On apporta du vin chaud, on but à la santé de ces dames avec une effusion touchante.

— Il paraît que ces messieurs en sont, dit une de ces dames en nous indiquant à une de ses amies.

C'était Mlle Mimi. On me l'avait montrée au

bois et au théâtre. Elle était entretenue par un huitième d'agent de change qui lui donnait de quoi entretenir un homme.

Elle me fit les yeux doux.

— Ne cédez pas si vite, me dit le diable.

La femme était déjà sur mes genoux, mais je la pris doucement dans mes bras pour l'asseoir sur une chaise.

— Mademoiselle, lui dis-je, je ne m'appartiens pas.

— Tu es *celui* d'une de ces dames?

— Je ne sais pas encore si je suis libre.

— Tu me vas. Je ferais des folies pour toi.

Elle prit à son index une bague en brillants qu'elle me glissa au petit doigt.

Un de mes amis étant survenu, je lui glissai moi-même la bague au doigt.

— Tiens, dis-je à Mlle Mimi, voilà ton affaire! celui-ci est un homme qui n'a peur de rien.

Là-dessus mon ami, un sous-préfet en disponibilité, jeta une œillade de Tolède à la dame.

— Eh bien! dit-elle, s'il valse bien, je lui donne mon cœur.

On préludait à la valse. Mimi prit l'ex-sous-préfet et l'entraîna sur le champ de bataille.

Nous le perdîmes de vue, mais le lendemain il nous conta son histoire. Voici le mot à mot :

« Mimi était charmante. Elle m'entraîna dans ce tourbillon de la valse toute affolée et toute éperdue.

« — O mon amour ! comme je t'aime, me dit-elle, en s'évanouissant à demi dans mes bras.

« — Voyons, madame, lui dis-je, vous allez me compromettre. Nous sommes ici dans un salon, que diable, il faut avoir quelque retenue.

« — Tu m'embêtes avec toutes tes phrases, c'est la première fois qu'un homme fait tant de façons avec moi.

« Je savais les habitudes du lieu.

« — Avez-vous de l'argent ? dis-je à Mimi.

« — Oh ! que tu me fais plaisir de me parler ainsi. Je veux que tu sois ce soir le chevalier de cinq louis.

« Mlle Mimi prit son porte-monnaie et me glissa dans la main un billet de 100 francs.

« — Et vous me paierez à souper, à moi et à un ami.

« Vous savez que j'étais venu avec Godefroy.

« — Tout ce que tu voudras, si tu m'aimes bien, mon mignon, me dit-elle en me dévorant des yeux. Ce qu'il me faut, vois-tu, c'est un homme gentil comme toi, à qui je dise tout. C'est si triste de n'avoir personne à aimer!

« — On m'a dit que tu avais un agent de change.

« — Oui, mais je ne l'aime pas, puisqu'il me donne de l'argent.

« — Si tu me donnes de l'argent, je ne t'aimerai pas.

« — Qu'est-ce que ça fait si je t'aime ?

« Elle me demanda si j'étais l'ami de ces messieurs.

« — Non, nous nous saluons, mais nous ne nous parlons pas.

« — J'aime mieux ça, dit Mimi, il y en a qui sont très-bien, mais il y a aussi là dedans beaucoup de muffletons.

« Nous allâmes souper en partie carrée, car Godefroy avait fini lui-même par céder aux propositions extra-conjugales d'une de ces dames.

« Le souper fut très-gai. On s'adorait, on se promettait mille joies pour l'avenir.

« A deux heures du matin, quoique légèrement ivre, je pris des airs de rosière pour rentrer chez moi, mais Mimi voulut m'entraîner chez elle pour m'éblouir par son luxe. Sa chambre à coucher était tendue en cretonne bleue et rose où éclataient des roses et où voletaient des oiseaux. Il y avait là un lit de rencontre qui avait dû voyager chez beaucoup de ces dames. C'était un lit de soie rouge, capitonné, qui jurait avec la cretonne et avec la chaise longue en damas bleu. Je remarquai sur la cheminée une jolie pendule qui ne marchait pas.

« — Ne fais pas attention, me dit Mimi, je n'aime pas à savoir l'heure. Rien n'est plus bête qu'une pendule. Si on est heureux, ça va trop vite, si on est malheureux, ça marche comme un fiacre.

« C'était de la philosophie pratique s'il en fut.

« Quand vint le matin, comme je ne voulais pas m'éterniser dans ce paradis, je m'habillai en toute hâte pour retourner chez moi. Elle sauta à bas du lit et voulut m'enchaîner dans ses bras.

« — Tu n'auras pas le cœur de t'en aller sitôt.

« — Et ton agent de change, lui dis-je pour la rappeler à ses devoirs.

« — Mon agent de change ne vient jamais qu'à midi, — pour prendre mes ordres de bourse.

« Mais j'étais bien décidé à partir au plus vite,

car je n'avais voulu voir en tout cela qu'une étude de mœurs.

« — A quelle heure reviendras-tu? me demanda-t-elle d'un air désolé.

« — Toujours ! lui dis-je.

« Mais, en disant cela, je me promettais bien de ne la revoir jamais, quoiqu'elle eût été délicieusement tendre, respectueusement amoureuse, en un mot une femme parfaite s'il en fut.

« — Ma chère amie, lui dis-je en lui serrant la main, je ne veux pas te cacher plus longtemps que je n'appartiens pas à la marée montante. Je ne me nomme ni M. Arthur ni M. Alphonse. C'est un pari que j'ai fait pour voir de près ce monde-là. Tu m'as donné cinq louis, les voici ; tu m'as donné une bague, la voilà. Maintenant, je vais te donner cinq louis et nous serons quitte à quitte.

« Mlle Mimi entra dans une fureur indicible. Elle me jeta à la face tout ce que je lui avais mis dans la main.

« —Quoi ! s'écria-t-elle, vous m'avez trompée ! C'est une indignité ! Ne reparaissez jamais devant mes yeux.

« C'est la désolation des désolations ! »

Quand le sous-préfet eut fini son histoire, le marquis de Satanas me dit que je devais le féliciter de m'avoir initié à ces mœurs inouïes.

Ainsi, comme le diable l'avait voulu, j'étais au bas de la spirale des abominations. L'enfer a des coins nouveaux depuis le Dante. Ne faudrait-il pas flageller en place publique ces drôles et ces créatures qui déshonorent deux fois l'amour.

C'est l'aveuglement des aveuglements. Il faudrait peut-être se contenter de répéter les paroles de saint Augustin : « Jetez-vous au pied de la croix, et Dieu brisera de ses mains ces chaînes odieuses qui vous attachent dans le lupanar comme des bêtes fauves dans leur cage. » Mais d'ailleurs l'horreur du tableau ne donne-t-elle pas plus de prise encore à la divine figure de la vertu? En voyant jusqu'où peut descendre la troupe infâme des filles de joie et des fils de joie, ne se retourne-t-on pas pour respirer l'air vif devant tous ceux et devant toutes celles qui ont mis le devoir dans leur vie?

TREIZE A TABLE.

Le diable, qui a ses bons quarts d'heure, s'amusa à me montrer un tableau où l'humanité avait meilleure figure.

Cela se passait au pays latin, chez un restaurateur célèbre de la rue Contrescarpe, où vont dîner quelquefois ceux qui cachent leur faim et leur passion.

Ce jour-là, ils étaient douze à table, six hommes et six femmes; des hommes graves, des enfants prodigues : un savant, — un duc italien, — un chroniqueur — un poëte, — un étudiant et un banquier.

Les six femmes avaient plus ou moins effeuillé des camellias. La première, — celle qui était placée à côté du savant, — ne savait lire que les billets de banque. La seconde, qui allait débuter aux Bouffes-Parisiens, me disait que son amant avait beaucoup de maisons *bien hypothéquées* sur le pavé de Paris, pour exprimer quelles avaient de bonnes fondations. La troisième répétait un rôle de tragédie, coupant chaque vers par un verre de vin de Champagne. Les trois autres étaient peintes comme des Rosalbas. Elles étaient descendues de leur cadre pour la cérémonie; mais il leur manquait la parole.

La table semblait venue du pays des fées, tant elle était éblouissante, — d'argenterie Ruolz et de fleurs artificielles.

On se mit à table. Le savant fut spirituel, l'homme d'esprit fut savant. Le babil argentin des dames courait sur la nappe à la conquête du duc, qui racontait ce qu'il en coûte à Paris pour être aimé pour soi-même, — comme il l'était.

C'était l'amphitryon. Il avait lui-même rédigé la carte dans un style haut en couleur. Il s'excusait de n'avoir pas eu le temps de faire venir des nids d'hirondelles. A chaque mot, il rappelait qu'il était du pays de Lucullus.

« Le beau temps pour les festins, messieurs! Aujourd'hui nous nous contentons de mettre sous la dent ce qui se trouve sous la main; dans l'ancienne Rome, il fallait que tous les pays voisins apportassent leur tribut à table. Le chevreau venait de l'Épire; le thon, de la Chalcédoine; la lamproie, d'Espagne; les huîtres, de Tarente; la merlue, de la Phrygie; les noisettes, d'une île de la mer Égée; la palme, d'Égypte; le pétoncle, de Chio; l'élops, de Rhodes; le scaricot, de Cilicie; le paon, de Samos; les grues...

— Des grues! — dit une dame. — J'ai souvent vu manger des grues, mais je ne savais pas qu'on mangeât les grues!

Et elle regardait sa voisine.

Le vin de Champagne répandait un air de jeunesse sur tous ces fronts pensifs, un air de folie sur tous ces fronts de marbre. La gaieté, — la belle gaieté parisienne, — entre deux amours et deux vins, — venait d'entrer et allait chanter ses joyeuses chansons...

Quand tout à coup la tragédienne ouvrit la fenêtre pour respirer. C'en était fait du festin!

Vis-à-vis de la fenêtre, au coin de la rue Contrescarpe, il y a une vieille maison, — une vieille maison du vieux Paris. Dans cette vieille maison, où n'entre jamais ni le gai soleil ni l'air vif, il y avait un homme, une femme, et deux enfants.

C'était aussi pour eux l'heure du festin.

La femme ne mit sur la table, — sur la table du travail :

Ni le potage à la bisque ou au nid d'hirondelles,
Ni le turbot sauce Rembrandt,
Ni le jambon d'York sauce madère,
Ni la fricassée de perdreaux à la Houssaye,
Ni le suprême de volailles à la Brillat-Savarin,
Ni le filet de bœuf à la belle jardinière,
Ni les poulardes à la Morny,
Ni les foies gras en Bellevue,
Ni les salmis de bécasses Nieuwerkerke,
Ni les faisans enguirlandés de cailles,
Ni le buisson de coquillages Malakoff,
Ni les écrevisses bordelaises au vin du Rhin,
Ni les truffes Périgord cuites au vin de Champagne, retour de Russie,
Ni le pudding Talleyrand,
Ni la plombière à l'abricot et à la pêche,
Ni les fruits du Paradis retrouvé.

Il n'y avait :

Ni le vin de Madère,
Ni le haut sauterne,
Ni le plus haut Yquem,
Ni le beau romanée,
Ni le bordeaux, retour des Indes,
Ni le vin du Cap, de belle espérance,
Ni le Johannisberg, cachet d'or Metternich,
Ni le vin de trente-deux quartiers, le dernier et suprême coup de l'étrier.

La ménagère mit sur la table :

>Du pain,
>De l'eau — non frappée,
>Du vin bleu, retour de Suresnes,
>Un oignon pour entremets,
>Une soupe au lard,
>Une fricassée d'abats.

Le tout sans linge de Saxe et sans porcelaine de Sèvres. Mais il y avait un grand luxe de ferraille de Creil et d'étain mal étamé.

— Quel tableau ! dit la tragédienne.

Tout le monde avait vu. Ils n'osaient plus manger, — eux qui avaient perdu leur journée, — en face de ce brave homme qui se nommait Travail, de cette brave femme qui se nommait Vertu, de ce pauvre enfant qui se nommait Misère.

L'homme était pâle, sévère, pensif. Il regardait le repas d'un air distrait.

La femme eût été belle si elle avait eu le temps d'être belle.

L'enfant ne quittait pas des yeux la fenêtre du festin, et semblait ne pas comprendre pourquoi tant de joie d'un côté et tant de misère de l'autre.

Or, au festin, il ne se disait plus rien. Plus

d'une larme tomba des yeux ou du cœur, — larmes visibles et larmes cachées.

Cependant le père prit l'enfant des mains de sa mère et l'embrassa avec un sourire doux et triste, — la résignation chrétienne.

La comédienne mit un louis — tout son capital — dans une assiette, et demanda un louis à chacun des convives.

Il se trouva bientôt dix-huit louis dans l'assiette; on donnait sans compter.

Noblesse oblige. Le jeune duc fut nommé ambassadeur pour porter la dîme.

Il monta dans la vieille maison.

— Monsieur, — dit-il avec émotion, — la joyeuse compagnie qui dîne en face me prie de vous offrir de quoi dîner.

Et il déposa sur une assiette les dix-huit louis.

— Les miettes de la table! dit l'homme avec fierté. — Je ne donne à personne le droit de me faire l'aumône! Les jours ont pour moi douze heures; je suis plus riche que vous!

En ce moment, sa femme vint du cabinet avec un enfant au sein.

— Pardonnez-moi, monsieur, dit le duc, — nous avions jugé que vous dîniez mal...

— Je dîne mieux que vous, — monsieur; je dîne avec le devoir accompli, à côté de ma femme qui me fait trouver bon ce qui est mauvais!

Et comme le jeune duc insistait :

— Je vous remercie du bon sentiment; mais, encore une fois, c'est moi qui suis riche!

A cet instant, comme le poëte regardait par la fenêtre, il vit le petit enfant, — celui qui ne tétait plus, — sauter dans les bras de son père et lui faire mille adorables chatteries. C'était charmant à voir, cet homme robuste et cet enfant délicat, cette tête barbue et cette figure rose. On s'embrassait à tort et à travers sans regarder la place.

Cependant l'enfant toucha de ses petites mains les dix-huit louis. Il aurait bien voulu que son père les prît, car il trouvait cela joli d'avoir de l'or. Mais le père rudoya l'enfant.

— Ne touche pas, enfant; l'or brûle les mains des pauvres!

Et il fouilla dans sa poche,

— Tiens, voilà deux sous pour acheter du pain d'épice ou pour donner au joueur d'orgue.

Après quoi il pria le duc de reprendre les dix-huit louis.

— Allez dîner, monsieur, sans vous inquiéter de ceux qui travaillent; ne pensez qu'à ceux qui ne travaillent pas!

Et l'homme qui avait travaillé se remit à table et plongea sa cuiller d'étain dans la sainte gamelle tout enfumée!

LE PIÈGE A LOUPS

ou

LA DERNIÈRE PENSÉE DE WEBER *.

— Regardez bien, dit le marquis de Satanas. Une porte s'ouvrit devant mes yeux. Je vis du

---

* Un critique m'a dit : « — Vous passez trop vite dans une histoire. Dès que vous avez sous la main un battement de cœur, vous courez à un éclat de rire. — C'est que la vie moderne est ainsi faite, ai-je répondu au critique. Qui donc aujourd'hui s'attarde, même dans une grande passion ? — C'est vrai, mais vous n'indiquez les caractères que par de grands traits. Le génie de Balzac était de peindre comme Holbein, sans oublier un poil de barbe ni une tache de rousseur. — Balzac avait le génie d'Holbein, mais Rubens qui peignait une figure

premier coup une femme qui jouait du piano avec des airs penchés. C'était *la Dernière Pensée*, de Weber. Un homme écoutait en fumant une cigarette. Il était nonchalamment couché sur un canapé Pompadour du plus beau dessin. Bois bleuâtre, rechampi de filets roses, étoffe blanche des Indes brodée à la main. La femme était jolie; figure chiffonnée, barbouillée de poudre de riz; yeux dessinés à l'orientale. L'homme était beau, trop beau pour écouter *la Dernière Pensée* de Weber. Il se barbouillait lui-même de poudre de riz, ce qui indiquait des aventures au dehors.

Mais on faisait très-bon ménage, car il se leva et vint baiser les cheveux de la dame.

— Comme tu as raison, Nini, d'aimer Weber.

— Mais j'aime beaucoup Schubert, Reber, Meyerbeer.

à l'emporte-pièce, était-il moins vrai ? Je n'ai pas l'impertinence de me comparer, je veux dire qu'en art tout le monde a raison en obéissant à sa nature. »

Si j'aimais les œuvres patientes, je ferais tout un roman à caractères des deux types qui vont passer devant vos yeux. Mais encore une fois je suis de ceux qui disent au lecteur : Achevez vous-même les portraits. J'ai donné le dessin et l'accord des tons, amusez-vous aux détails comme les Gérard Dow du roman.

— Oui, mais pas Auber. Sa musique libertine ne va pas à l'âme !

La dame regarda le monsieur avec une adorable raillerie.

— Tu as donc une âme? Rodolphe.

— Si j'ai une âme! j'en ai plutôt deux qu'une.

— Pourquoi faire?

— Pour t'adorer.

Et on s'embrasse avec tant d'effusion que le silence se fait au piano.

— A la bonne heure, dis-je au diable, voilà un intérieur qui fait plaisir à voir.

— Vous trouvez?

— A cela près qu'on y respire je ne sais quelles senteurs de Jockey-Club, de violette et d'eau de Lubin.

— Que voulez-vous? On peut bien s'aimer à ces parfums-là.

Mais écoutons :

— Voyons, dit tout à coup la dame, ne perdons pas notre journée. Tu sais tout ce que tu as à faire, Rodolphe.

— Oui, mais je suis pris par ta musique. Joue-moi la *Sérénade* de Schubert. Cela me mettra en train pour aller chez la comtesse.

Je demandai au diable ce que M. Rodolphe pouvait bien aller faire chez la comtesse, escorté par la sérénade de Schubert.

Le marquis de Satanas me dit que nous allions être du cortége.

La dame joua la sérénade de Schubert ; l'homme alluma une seconde cigarette. A la dernière bouffée de fumée, au dernier accord de piano, il réembrassa la musicienne, prit son chapeau et partit.

— Tu sais, lui crie-t-elle en se retournant, ne va pas laisser ton cœur chez elle.

— Es-tu bête ! tu sais bien que je n'aime que toi.

— A propos, Rodolphe, j'ai vu hier celle qu'on appelle « un Ange sur la terre. » Elle m'a confié une histoire de collier de perles dont nous ferons quelque chose. Tu sais qu'elle va chez le duc d'Obanos. Il paraît qu'elle a rencontré là une demoiselle du monde dont elle a deviné le nom : Mlle d'Armaillac. Mais ne courons pas deux femmes à la fois. Va vite chez la comtesse.

Nous suivons M. Rodolphe chez la comtesse de Rochemancé, une provinciale égarée à Paris depuis deux mois, parce qu'elle s'ennuyait en son château de Rochemancé en Bourgogne. Elle a voulu, elle aussi, être de « tout Paris, » ne fût-ce que pendant une saison. Son mari l'a accompagnée, mais platoniquement, car il n'aime pas le monde et il se couche à Paris, comme en Bourgogne, sur le coup de huit heures et demie, confiant sa femme à des voisines de villégiature, qui lui ont ouvert le paradis de la gent étrangère. Aussi il faut voir comme la comtesse de Rochemancé s'en donne. On la cite déjà pour sa *furia* dans les cotillons.

C'est chez une belle mexicaine que M. Rodolphe a connu la comtesse. On a dansé et on a valsé. On a eu de l'esprit — et du cœur. — On a promis de se revoir — ni chez elle ni chez lui, mais dans toutes les fêtes plus ou moins américaines. Il a déposé sa carte chez elle : « Le comte de Rodolphe *de Saint-Marc.* » C'est un pseudonyme, mais qu'importe. A Paris, on n'a pas le temps de vérifier les actes de naissance. La Bourguignonne ne pouvait pas déchoir, elle était comtesse, il lui fallait un amoureux qui fût comte — et décoré, — car son mari a l'ordre du Christ. On ne saurait dire quelles croix portait le comte Rodolphe de Saint-Marc. C'était une rosette composée de toutes les couleurs. La comtesse de Rochemancé ne douta pas que son amoureux n'eût conquis toutes les croix connues et inconnues par sa bravoure et par son esprit. Elle se mit à l'aimer jusqu'à en perdre la raison. Son mari lui fit le champ libre, car il alla voir en Bourgogne, je ne dirai pas ses bois, pour ne pas faire un mot, mais ses vignes, plus ou moins frappées par les froides matinées du mois de mai.

Cependant le comte de Saint-Marc est arrivé chez la comtesse. Nous nous suivons de près. La comtesse n'est point jolie du tout, pourquoi diable s'est-il laissé prendre à ce nez retroussé? Il paraît que Roxelane avait son prix. Mais Roxelane avait de beaux yeux. Or la comtesse en a si peu qu'on ne les voit pas. Les lèvres, il faut le dire, sont de vraies lèvres de Bourgogne, elles sont rouges et vivantes, on dirait que le vin va jaillir de la grappe. C'est égal, ce n'est pas là une femme digne d'un Antinoüs comme Rodolphe.

— Ah! mon ami, comme je vous attendais! s'écrie la comtesse en courant au-devant de lui.

— Ah! Théodule, comme je vous aime! mais vous savez, les devoirs du monde. J'ai vu ce matin deux ministres. La révolution m'a mis à pied, il me faut bien m'occuper de ma fortune.

— Est-ce qu'on songe à l'argent, quand on est amoureux?

— Tu as raison, Théodule, aussi, depuis que je te connais, je ne crois plus ni à la Bourse ni à la Banque.

— Tu es beau, Rodolphe, tu es trop beau, car je suis jalouse.

On s'embrasse tout à fait comme de l'autre côté. Je me trompe, Rodolphe me semble moins amoureux de sa maîtresse que de sa femme. Aussi, pour se délivrer des effusions de Mme de Rochemancé, il lui conseille de se mettre au piano.

— Tu sais, lui dit-il, comme j'aime la musique. Joue-moi du Weber et du Schubert.

La Bourguignonne fait la moue et se met au piano. Elle trouve peut-être que son amant tourne brusquement au platonisme. Mais, quoi qu'il fasse, elle le trouve adorable. D'ailleurs le sentiment a bien son prix. Aussi il faut voir comme elle roule ses petits yeux dans le septième ciel.

Rodolphe fume silencieusement sa troisième cigarette. Les nuages passent sur son front. Je ne le crois pas si éloigné que cela de la Banque et de la Bourse.

La comtesse quitte le piano et va le surprendre.

— A quoi penses-tu ?

— Je pense que tu ne m'aimes pas comme je t'aime. Tu m'écris des lettres qui ne jaillissent pas du cœur comme les vrais mots d'amour. Aussi, dès que je suis sorti de chez toi, je ne crois pas à ta passion.

— Ne faut-il pas t'écrire des folies comme sainte Thérèse. Quand je t'attends et que tu ne viens pas, je me sens dans l'enfer. Si je t'écrivais, ce serait du feu.

— N'en parlons plus.

Et M. le comte prend son chapeau pour partir.

— Déjà !

On voit l'inquiétude qui passe sur le front de l'amoureuse.

M. de Saint-Marc ne sera pas plus tôt au bas de l'escalier qu'elle prendra la plume pour lui écrire, voyez plutôt :

« Mon Rodolphe,

« Je te disais, il y a deux jours, que j'étais ef-
« frayée de mon bonheur. Je sens aujourd'hui
« que mon bonheur est parti avec toi. Que s'est-il
« donc passé ? Je ne te crois pas quand tu dis
« que tu as peur de ne pas être aimé. Songe
« donc que tu es mon premier amour. Tu es si
« beau et si poétique ! Mais de grâce, ne m'ac-
« cuse plus. Ton amour est ma vie. Si je ne te
« voyais plus, ce serait la mort. Reviens bien
« vite ; en attendant, je vais me remettre au piano
« pour jouer du Weber et du Schubert. Je croi-
« rai que tu es là pour m'entendre ; mais je m'a-
« perçois à mes larmes que tu es parti en m'em-
« brassant d'une lèvre distraite.

« THÉODULE. »

Cette lettre tomba dans les mains de la comtesse de Saint-Marc, mais elle fût tombée dans les mains de Rodolphe, qu'il se fût empressé de la lui remettre.

— Cette fois, dit-elle, l'affaire est faite.
Elle lut la lettre tout haut.

— Oui, dit Rodolphe nonchalamment, la petite bourguignonne est à nous pieds et poings liés.

— Il faut battre le fer pendant qu'il est chaud.

— Voyons, frappe sur l'enclume.

La comtesse de Saint-Marc se met à son secrétaire tout en gardant ses airs penchés.

« *A madame de Rochemancé, rue de Lisbonne, à*
« *Paris.*

« Madame,

« Ce que vous avez fait là est indigne. Vous
« m'avez pris mon mari. Vous m'avez tuée dans
« mon bonheur. Car j'avais mis toute ma vie
« dans mon amour et dans mon devoir. Que me
« reste-t-il? le désespoir ; mon mari parle de me
« quitter et je suis sans ressources.

« Je tiens vos lettres, madame; si je n'écoutais
« que ma jalousie, vous seriez perdue aux yeux
« de tout Paris et de toute la Bourgogne. Mais
« je suis femme du monde, et noblesse oblige.
« Je puis donc vous sauver, mais puisque vous
« avez fait le désastre dans ma maison, donnez-
« moi cent mille francs pour que j'aille vivre en

« Angleterre avec ma fille. Mon mari me dit
« qu'il part à l'instant même pour l'Italie. Mais
« je n'en crois rien. S'il part, c'est pour aller
« vous rejoindre. Qu'importe? j'aurai la dignité
« du silence pour lui comme pour vous. J'attends
« votre réponse aujourd'hui. Demain je n'aurai
« pas le courage de ne pas écrire à votre mari.

« Comtesse de Saint-Marc. »

Quand la dame eut écrit, elle passa la lettre à M. Rodolphe.

— Que dis-tu de mon style?

— C'est bien, dit Rodolphe nonchalamment, je n'aurais pas mieux fait. Mais pourquoi diable as-tu inventé une fille que tu n'as pas?

— C'est la couleur locale. Une mère de famille est sacrée. Dépêche-toi d'envoyer cette lettre.

— La pauvre petite femme est capable de se jeter par la fenêtre.

— Eh bien, va te planter sous le balcon.

La comtesse sonne et donne la lettre à son valet de chambre.

— Allez tout de suite et rapportez-moi la réponse.

Une heure se passe.

— C'est bien, dit Mme de Saint-Marc, Antoine n'est pas revenu. C'est qu'il a trouvé ton amoureuse et qu'elle lui a dit d'attendre.

Enfin, Antoine reparait avec une lettre qui exhale un doux parfum de violette; Mme de Saint-Marc la saisit.

— Je suis tout émue, dit-elle, quand je pense que notre budget d'une saison est écrit dans cette lettre!

— Dans tous les cas, dit Rodolphe, il n'y a point de billets de banque.

Mme de Saint-Marc a brisé le cachet.

La pauvre bourguignonne affolée s'est laissé prendre, voici ce qu'elle écrit:

« Madame,

« Vous êtes, comme vous dites, trop femme
« du monde pour vouloir me perdre.
« Je ne savais pas que M. de Saint-Marc fût
« marié; j'avais oublié que je l'étais moi-même,
« tant j'ai perdu la tête dans ce carnaval pari-

« sien. Ne croyez pas, madame, à toutes les ex-
« travagances de la lettre que vous avez saisie.
« Je l'ai écrite comme on écrit une page de ro-
« man. Il n'y a rien de vrai, mais puisque je
« suis cause d'un si grand malheur, vous pou-
« vez compter sur moi. Vous me demandez cent
« mille francs. Vous savez bien sans doute que
« je n'ai pas cent mille francs sous la main, mais
« je vous enverrai ce soir tout ce que je desti-
« nais à payer mes robes. Plus tard vous me re-
« trouverez. Je dirai au notaire de mon mari que
« je vous ai connue au couvent, et il me commu-
« niquera vos lettres chaque fois que vous ferez
« appel à mon cœur. Mais de grâce, mada-
« me, oubliez comme j'oublie moi-même, et
« renvoyez-moi cette lettre qui n'était, comme
« je vous l'ai dit, qu'un jeu d'imagination. »

Point de signature.

— Eh bien, que vas-tu répliquer? dit Rodolphe à la dame.

— Cela mérite réflexion, il me semble que sa lettre vaut mieux que le prix de ses robes de cet hiver.

— Oui, mais prends garde, elle est sincère, ne va pas la révolter par trop d'exigences.

— Tu oublies, mon cher, que c'est la première affaire sérieuse de cet hiver, nous en avons manqué trois, la quatrième t'a donné à peine quelques billets de mille francs.

— Oui. Et je suis sur les dents. Ah! je fais là un rude métier!

— Allons donc! ne dirait-on pas que tu casses des pierres sur la grand' route?

— Ah! ma foi, je te jure que j'aimerais mieux être au sérail que d'être à ces travaux forcés de l'amour.

— Tu voudrais me faire croire que ce sont les douze trava   d'Hercule!

Mme de Saint-Marc roule une cigarette, l'allume et la passe à Rodolphe après l'avoir embrassé.

— Paresseux, dit-elle, encore.

Je n'en pouvais croire mes yeux ni mes oreilles.

— Il n'y a pas de sots métiers, dit le diable.

— Non, mais il y a des métiers infâmes.

— Oh! ne vous indignez pas. On trouve dans le monde beaucoup de monsieur Rodolphe, il y a même beaucoup de madame Rodolphe. Vous seriez bien étonné si vous lisiez le budget de toutes les femmes déchues qui sont à certains jours le sourire de Paris. Le budget des dépenses vous le trouveriez tout naturel, mais le budget des recettes, voilà le mystère des mystères!

— Et la police correctionnelle.

— Oh! ces femmes-là ont des amis partout. Par exemple, cette Mme de Saint-Marc, elle est à ses instants perdus la maîtresse de tout le monde, mais pourtant celle-là est si hardie dans ses entreprises que nous la reverrons peut-être un jour à Saint-Lazare *.

Cependant le coquin et la coquine décident qu'ils accepteront en échange de la lettre l'argent que la comtesse destinait à payer Worth et Marguerite, espérant qu'il y avait bien là de dix à vingt mille francs.

— Pas moins! dit la dame, car plus je relis cette lettre amoureuse et plus je sens qu'il y a là une fortune.

— Es-tu bête! dit Rodolphe avec un sourire démoniaque. Tu sais bien qu'avant de la lui rendre je vais aller la faire autographier.

Et la dame se jette dans les bras du monsieur.

---

*. Depuis que ces pages sont écrites, Mme la comtesse de Saint-Marc a gagné ses deux ans de prison sous le nom de la comtesse de Beaufort.

— Tu es un homme de tête.

— Et toi, une femme de cœur.

Pour répondre à ce beau mot, la musicienne retourne à son piano, et attaque la corde sensible dans Weber et dans Schubert.

LIVRE XI

LES AVENTURES DE JEANNE D'ARMAILLAC.

MADEMOISELLE FLEUR DU MAL.

I.

MENUS PROPOS.

ET ainsi nous assistions toutes les nuits à la grande comédie parisienne, l'école des mœurs par excellence. La France est la synthèse du monde; Paris est la synthèse des synthèses. Il semble que toutes les passions de l'univers reçoivent fatalement leur mot d'ordre de Paris. La capitale des capitales ne donne pas seulement la coupe de l'habit et de la robe, elle donne le mouvement de la passion; elle verse la lumière et souffle la tempête. Les journaux sont des missionnaires qui vont initier les pays les plus perdus à sa sagesse et à sa folie. Les Parisiens ne voyagent pas; ils ont bien raison, puisque toutes les nations viennent tour à tour passer devant eux.

— Voyez-vous, me dit le marquis de Satanas, un diable moins bien avisé courrait le monde pour y faire le massacre des vertus. Je me contente de régner à Paris, puisque régner à Paris c'est régner sur l'univers. Tout le monde est plus ou moins Parisien, hormis les Allemands et c'est ce qui les désespère. Voilà pourquoi ils veulent prendre Paris; mais ils n'y seront jamais chez eux. Nous les avons condamnés à Berlin pour leurs péchés.

— Ne parlons pas politique, mon cher marquis, car nous n'avons pas de temps à perdre. Vous m'aviez promis aujourd'hui de me faire souper avec Mme Fleuriot, ci-devant Marie Leblanc, surnommée : « un Ange sur la Terre. »

— Je ferai mieux que cela, car je vous ferai souper avec Mlle Jeanne d'Armaillac.

— Allons donc!

— Oui, vous souperez avec elle, mais vous ne lui parlerez pas. Il y a dans trois jours un grand bal chez Mme de Tramont, nous irons après l'opéra, et nous ferons un tour de valse pour avoir le droit d'être du souper. Nous retrouverons un autre soir « un Ange sur la terre. »

Quand nous entrâmes chez Mme de Tramont, je fus ébloui une fois de plus par la beauté merveilleuse de Mlle Jeanne d'Armaillac. Elle rayonnait. Elle traversait les salons appuyée au bras de la duchesse ***. Il semblait que Jeanne laissât sur ses pas un sillon de lumière. Naturellement tout le monde parlait d'elle, car c'était sa rentrée dans le monde; ses yeux avaient plus d'accent, ses joues étaient moins rosées, elle semblait vieillie de deux ans en deux mois; on eût déjà dit une jeune femme plutôt qu'une jeune fille; mais en perdant les douceurs juvéniles, elle avait pris plus de caractère.

— Si cela continue, dit une jalouse, qui était placée devant nous, cette demoiselle d'Armaillac sera vieille à vingt-cinq ans.

— Que voulez-vous? ma chère amie, dit une autre femme plus jalouse. Les années de campagne comptent double.

— Qu'est-ce à dire? est-ce que Mlle d'Armaillac a été à la guerre?

— Vous me comprenez : à la guerre des passions.

— Je ne sais rien de son histoire.

— Ni moi non plus ; je sais pourtant qu'elle

a dû se marier dans la magistrature; mais cette jeune bégueule avait peur d'être dépaysée dans la noblesse de robe, elle s'est jetée à la rencontre du comte de Briançon. Mais pas si bête celui-là; aussi, on assure que dans son dépit elle s'est donné un coup de poignard; voilà pourquoi elle a été pendant six semaines à deux pas de la mort.

— Pardonnez-moi d'écouter aux portes, dit le diable en saluant les deux dames qu'il connaissait bien; mais vous contez là des contes, Mlle d'Armaillac ne joue pas avec des poignards. Que le comte de Briançon se soit jeté à sa rencontre, c'est possible, elle est bien assez belle pour cela, mais ce n'est pas une raison pour qu'elle soit tombée dans la gueule du loup. Je crois, je le dis tout haut, qu'elle a refusé d'être la comtesse de Briançon, parce qu'elle ne voulait pas disputer son mari aux filles d'Opéra. Voilà toute l'histoire.

Les deux femmes prirent les paroles du diable pour des paroles d'Évangile.

— Mon cher marquis, lui dis-je, je vous félicite, je vous croyais une mauvaise langue, je vois avec plaisir que vous défendez la vertu outragée.

Le diable sourit de son sourire à la Voltaire.

— Comment n'avez-vous pas compris plus tôt que je défends toutes les femmes qui ont péché pour attaquer toutes celles qui sont inattaquables? C'est mon jeu. Je ne permettrai jamais qu'il soit mal parlé de Mlle d'Armaillac. On ne jettera pas impunément des pierres dans son jardin.

— A moins que ce ne soit des pierres précieuses.

Les huit musiciens cachés par les camélias jouaient le prélude d'une valse.

Mlle d'Armaillac repassa devant nous toujours appuyée au bras du grand d'Espagne.

— Vous savez que je vais valser, lui dit-elle.

— Avec qui?

— Avec vous.

— Vous savez bien que je ne valse pas.

— Eh bien, avec le premier venu.

Je m'inclinai devant la jeune fille.

— Mademoiselle, le premier venu c'est moi.

— Quand je disais le premier venu, monsieur, c'était à la condition que ce serait un homme d'esprit.

— Alors vous refusez?

— Voyons, pas de fausse modestie, dit-elle en se penchant sur moi pour valser.

Je ne sais rien au monde de plus enivrant que la valse ; il semble qu'on parte pour l'inconnu et pour l'infini, dans une atmosphère d'amour et de lumière ; au septième tour on est au septième ciel : on rencontre les yeux humides de sa valseuse, tout en respirant les senteurs pénétrantes de sa jeunesse ; les deux corps n'en font plus qu'un ; c'est un mariage voulu et forcé avec la musique en plus, avec la solitude en moins. Chamort a dit que l'amour était le contraste de deux épidermes. Qu'aurait-il dit s'il eût valsé ?

Avant la reprise nous échangeâmes quelques mots. Mlle d'Armaillac m'avoua sa passion pour la valse.

— Je voudrais mourir en valsant, me dit-elle.

J'essayai de lui faire comprendre que la mort n'existait pas.

— En effet, lui dis-je, on vit par le cœur et non par le corps, on subit avec charme ou avec déplaisir les mille et une métamorphoses de la vie. Les sentiments et les passions se succèdent sans trêve dans notre âme, le grand art c'est de cueillir l'heure sans croire au lendemain.

Et autres paradoxes à mon usage quand je suis au bal.

— Je ne comprends pas bien, me dit ma valseuse. Jusqu'à présent, quand j'ai voulu cueillir l'heure, j'ai pleuré; c'est à peu près comme si vous me disiez de cueillir des étoiles par un ciel nuageux.

— Votre jeunesse n'est pas si triste que cela?

— Tout est triste, excepté la valse.

— Eh bien, cueillons l'heure de la valse.

Après le dernier coup d'archet, je conduisis ma valseuse au buffet. Toutes les places étaient prises. Je reconnus M. de Briançon au premier rang, qui buvait une coupe de café glacé. J'étais enchanté de la rencontre. Je voulais étudier la figure de Jeanne en face de Martial, car ils ne s'étaient pas vus depuis le jour des marguerites cueillies par Marguerite au pré Catelan.

Je priai donc M. de Briançon de laisser passer une femme.

Ils se regardèrent, lui et elle, avec une émotion terrible, mais merveilleusement contenue. On eût dit deux étrangers. Il s'inclina et se retira du buffet. Jeanne passa devant lui comme devant le Grand Turc, sans vouloir le reconnaître.

— C'est M. de Briançon, lui dis-je d'un air distrait sans souligner le nom.

— Ah! dit-elle en prenant une cerise glacée, qu'est-ce que cela, M. de Briançon?

— O mon Dieu, c'est un des cent et un hommes à la mode.

— Ah! j'en suis bien aise.

— Il est un peu fat; s'il faut l'en croire, les femmes ne lui résistent pas.

Je voulais voir à fond le cœur de Mlle d'Armaillac.

— Il est donc bien riche, car je suppose qu'il en a pour son argent. Pourquoi vient-il ici? ce n'est pas son monde.

— Il a la prétention d'être irrésistible avec les femmes comme il faut.

— Si j'ai bonne mémoire, il me semble que j'ai valsé une fois avec lui. Est-ce qu'il s'est vanté d'avoir été en bonne fortune avec moi?

— Valser avec une femme, c'est être en bonne fortune avec elle.

J'eus beau faire, Jeanne était impénétrable. Le regard altéré, la raillerie aux lèvres, que se passait-il dans son âme? La haine l'emportait-elle sur le dédain? l'amour y répandait-il encore le pâle rayon du soleil couchant? songeait-elle à se venger ou à oublier?

Un ambassadeur vint à nous et m'empêcha d'aller plus avant. Dès que je ne fus plus avec Mlle d'Armaillac, j'allai droit à M. de Briançon.

— Eh bien, lui dis-je, nous ne nous sommes pas vus depuis cette nuit néfaste où vous pleuriez au lit de mort d'une pauvre fille qui s'était tuée pour vous.

— C'est vrai, dit-il avec l'émotion du souvenir, mais la vérité c'est que c'est l'autre qui s'est tuée pour moi, la pauvre fille.

Et après un soupir vers l'ombre de Marguerite Aumont :

— Celle que vous avez vue morte ce soir-là se porte assez bien : elle n'a jamais été si gaie.

— On dirait que vous en êtes triste.

— Moi, pas du tout, je n'aime pas les catastrophes et je ne reste jamais au dernier acte d'un drame; mais, voyez-vous, on ne connaîtra jamais les femmes.

Je voulais savoir si M. de Briançon était homme à garder un secret.

— Est-ce que je connais cette jeune fille, qui fut assez folle dans son amour pour vouloir mourir tragiquement à minuit chez vous?

— Peut-être, me répondit Martial. Cherchez bien, on m'a dit qu'elle était ici.

— C'est donc une fille du monde? Je croyais que c'était une simple cocotte jouant la courtisane amoureuse.

— Non, c'était une fille bien élevée, qui avait perdu la tête.

— Dites-moi la première lettre de son nom.

— Son nom, je ne le sais plus moi-même, j'ai juré d'oublier, j'ai oublié.

En disant ces mots, le comte de Briançon porta la main à son cœur; il avait pâli, une profonde expression de tristesse passait sur sa figure. Il n'était pas impénétrable comme Mlle d'Armaillac.

— Elle ne l'aime peut-être plus, me dis-je; mais, pour lui, il l'aime toujours, à moins qu'il ne pleure encore Marguerite Aumont ou plutôt Caroline de Fourcault.

Ce soir-là, Mlle d'Armaillac eut tous les triomphes, par la grâce et par l'esprit. Au souper, elle parla beaucoup, tour à tour rieuse et mordante; les mots malins tombaient coup sur coup de ses lèvres, comme les diamants.

— Vous êtes terrible, lui dit le marquis de Satanas; nul ne trouvera grâce devant vous.

— Ce n'est jamais à vous que je ferais grâce, lui répondit-elle. Il faudra même qu'un jour je me venge de vous; quand je pense que vous avez failli troubler ma raison en me faisant croire au diable.

— Ne vous y fiez pas, je suis peut-être plus diable que je n'en ai l'air.

— Allons donc! Il fallait que je fusse bien ingénue pour avoir peur de vous. Mais j'avoue que vous avez très-galamment joué votre jeu. Robert Houdin n'est pas meilleur magicien.

Mlle d'Armaillac raconta son histoire avec le marquis de Satanas; comment il était venu quand elle avait invoqué le diable; comment il l'avait effrayée en lui disant qu'il reviendrait tous les jours à la même heure nocturne; comment il lui apparaissait chaque fois que sonnait minuit.

— Allez-y gaiement, dit le diable en jouant le bon apôtre; je sais bien que je me suis conduit comme un écolier; mais je prendrai ma revanche quand vous serez mariée, d'avoir été si mal venu avant les noces.

— Est-ce que vous me donneriez votre main, monsieur Satan?

— Le diable marié! voilà qui ferait rire l'enfer.

— Pourquoi pas? puisque vous avez déjà des cornes.

Mlle d'Armaillac s'interrompit.

— Chut! dit-elle, ce n'est pas moi qui ai dit cela.

La mélancolie ne vint pas un seul instant traverser cette gaieté. Le diable me dit :

— C'est fini, la voilà arrivée à sa seconde manière.

— Jusqu'à son second amour, mon cher ami; car la femme n'a qu'une manière quand elle aime.

— Et qui aimera-t-elle la seconde fois?

— Dieu le sait. Peut-être n'aimera-t-elle qu'elle-même.

II.

LA COMÉDIE DES FIACRES.

LE marquis de Satanas m'écrivit le lendemain qu'il partait pour l'Espagne, pour combattre don Carlos. Il me pria de lui écrire sous le couvert du duc d'Obanos, un grand d'Espagne qui habitait comme lui l'avenue de l'Impératrice. Il regrettait de finir le carnaval sans moi et m'envoyait d'ailleurs une lettre d'invitation pour le bal de la duchesse ***, qui m'avait oublié pour sa dernière fête de la saison.

Je ne croyais guère que le diable fût parti pour battre don Carlos, tout orthodoxe que soit ce prince. Je pensai que le marquis de Satanas était allé à la poursuite d'une femme au delà des Pyrénées. Je ne doutais pas qu'il ne revînt bientôt, d'autant plus qu'il avait perdu la veille et l'avant-veille cent mille francs au cercle et qu'il prenait toujours sa revanche. Mais l'amour emporte le jeu.

J'allai au dernier bal de la duchesse, espérant revoir Mlle d'Armaillac.

Elle y était venue avec Mme de Tramont, parce que sa mère avait une violente migraine pour avoir teint ses cheveux.

Ce soir-là Jeanne triompha sur toute la ligne.

Mme de Tramont, toujours étourdie et non moins distraite, s'en alla à minuit et demi, oubliant la jeune fille.

Jeanne oublia elle-même Mme de Tramont, parce qu'elle flirtait avec le duc d'Obanos, en regard du comte de Briançon, qui souffrait mille morts.

C'était le premier festin de sa vengeance.

Pourquoi, vers trois heures, Mlle d'Armaillac se faisait-elle reconduire sans faire de façon par le duc d'Obanos?

C'est qu'elle prenait le chemin des écoliers.

C'était peut-être aussi pour braver Martial, qui ne la perdait pas des yeux et qui la vit partir en même temps que le grand d'Espagne, sinon avec le grand d'Espagne.

Pendant le trajet de la rue de Morny à l'avenue de l'Impératrice, il se passa cette petite comédie.

Le duc d'Obanos, pour sauver les apparences, avait dit qu'il prêtait son coupé à Mlle d'Armaillac, pour la conduire chez sa mère.

Et il était monté en fiacre pendant que Jeanne montait dans le coupé. A tout seigneur tout honneur, le coupé passa en avant.

Or, le fiacre fut suivi par un second fiacre, lequel fut suivi par un troisième fiacre.

M. de Briançon suivait dans le troisième fiacre. C'était prévu.

Mais qui donc s'embarquait dans le quatrième fiacre? C'était une jalouse. C'était une femme mariée qui avait été un instant la maîtresse du duc d'Obanos, et qui trouvait abominable qu'une femme — non mariée — se laissât faire la cour par ce Don Juan.

Arrivé à l'Arc de Triomphe, le coupé, suivant les instructions données, s'arrêta. Le duc descendit du premier fiacre et monta à côté de Mlle d'Armaillac.

— Je suis effrayée, lui dit-elle ; on dirait que notre voyage est un convoi. Voyez donc tous ces fiacres.

Le duc eut beau faire signe au cocher d'aller vite, les chevaux de fiacre prirent le mors aux dents.

Quand toute cette suite funèbre arriva à la porte de l'hôtel, Martial descendit presque en même temps que le duc d'Obanos. Il était désespéré et furieux ; il voulait se jeter entre le duc et Mlle d'Armaillac.

Heureusement ou malheureusement, la femme mariée, non moins désespérée et non moins furieuse, appela Martial.

— Monsieur, où sommes-nous ? lui demanda-t-elle pour cacher son jeu.

— Je n'en sais rien.

La colère et la jalousie de la dame avaient abattu la jalousie et la colère de Martial. Il la trouvait fort jolie au clair de la lune, et, comme l'amour en lui n'étouffait pas le libertinage, il lui proposa gravement de la remettre dans son chemin. Elle le savait de trop bonne compagnie pour refuser l'occasion de se venger du duc.

III.

LA TENTATION.

CEPENDANT le duc d'Obanos, qui n'avait pas peur des embarras de voitures quand il conduisait aux Champs-Élysées, se trouva dans un embarras de femmes en rentrant chez lui. Ce grand d'Espagne, qui avait fui son pays un jour de révolution, n'avait d'autre ambition que d'être bon capitaine dans les batailles de femmes, ou bon politique dans les aventures galantes. Qui ne le connaît à Paris dans le monde des fêtes et des robes à queue? Il a ses entrées partout. Chez ces demoiselles, comme chez ces dames, on l'aime pour ses cheveux noirs, pour sa barbe héroïque, pour ses yeux d'aigle, pour sa raillerie diabolique, pour son cœur d'or — et peut-être aussi pour son argent comptant — Il en a tant qu'il pourrait entretenir les trois ou quatre rois qui sont en villégiature à Paris. Il adore les femmes blondes, mais il ne hait pas les femmes brunes, encore moins les rousses ; pourvu qu'une femme soit une femme par la beauté, par le charme ou par l'esprit, elle est fort de ses amies. Il se fera tuer pour un mot mal sonnant dit contre une d'elles, car chez lui l'épée est aussi vaillante que le cœur. Il a une autre vertu : chez lui tout est mystère ; il ne conte pas ses aventures et ne permet pas qu'on les conte par à peu près ; en un mot, c'est un galant homme de la tête aux pieds. Il habite, avenue de l'Impératrice, le petit hôtel du duc de Parisis, que lui a loué la duchesse, depuis que la pauvre Violette s'est réfugiée en Bourgogne. Il n'a pas la prétention de don Juaniser comme Octave ; il ne se croit pas un tel virtuose, mais enfin il tient bien son jeu ; il est un peu distrait et oublieux ; il a tant d'affaires amoureuses sur les bras qu'il ne sait pas toujours où donner de la tête. Voilà pourquoi le soir du bal de Mme de Tramont il se trouva dans un embarras de femmes. Sans doute il avait prouvé à Mlle d'Armaillac que le plus court chemin pour aller chez sa mère était de passer par l'avenue de l'Impératrice. Il était d'ailleurs surpris que Jeanne lui résistât si peu : elle paraissait s'abandonner à lui comme si elle fût entraînée par l'amour. Il s'imaginait déjà qu'elle allait lui tomber dans la main comme une pêche mûre.

Mais ils étaient à deux de jeu; Mlle d'Armaillac n'écoutait plus son cœur comme la première fois. Voulait-elle se venger de son premier amant en devenant la maîtresse du duc d'Obanos? Non.

Voulait-elle se venger de l'argent par l'argent? Elle avait trop longtemps souffert de n'en avoir pas ; sa beauté radieuse demandait un cadre d'or ; Dieu ne lui avait-il pas donné droit aux diamants et aux perles? Elle était humiliée d'aller en fiacre comme une bourgeoise, il lui était même arrivé de prendre l'omnibus comme une blanchisseuse. D'un regard rapide et sûr, elle commençait à juger le monde pour ce qu'il vaut. Qu'est-ce que la vertu? Une femme qui ne sait pas s'habiller, une fille qui renonce à tout hormis au confessionnal. Maintenant que le cœur avait entraîné

Jeanne si loin dans le péché, elle ne pouvait plus avoir l'estime de soi-même ; que lui importait l'estime des autres, si elle pouvait mener la vie à quatre chevaux ? Et d'ailleurs, avec son nom et sa fierté, ne sauverait-elle pas les apparences ? Qui oserait l'accuser, dans ce beau monde, où les trois quarts des femmes n'osent pas jeter la première pierre ? où les hommes ne sont charmants qu'avec les pécheresses ?

Mais pour mener la vie à quatre chevaux, il faut avoir de quoi les nourrir; c'est pour cela que Jeanne s'aventurait cette nuit-là avec le duc d'Obanos, ne voulant pas s'avouer qu'elle était à vendre, mais décidée à accepter dans la corbeille de ce mariage de la main gauche, une rivière de diamants ou plutôt un collier de perles à cinq rangs que le grand d'Espagne lui avait déjà promis.

C'était, disait-il, par amour de l'art : ne donne-t-on pas des bijoux à la madone ? Il n'était jamais si heureux que le jour où il plaçait si bien ses diamants ou ses perles. Embellir une femme déjà belle, n'est-ce pas faire œuvre d'artiste? Si bien que Mlle d'Armaillac pouvait se figurer que le duc d'Obanos ne ferait avec elle que de l'art pour l'art. D'ailleurs, elle s'était donnée pour rien, elle ne voulait pas se donner pour de l'argent.

Le grand d'Espagne ne pénétrait pas l'âme de Mlle d'Armaillac ; il avait bien quelque fatuité, mais il s'étonnait pourtant de vaincre si vite cette belle dédaigneuse. Il ne pouvait croire que la question d'argent fût pour quelque chose dans l'entraînement de Jeanne. Au fond, c'était un philosophe pratique, il prenait les femmes comme elles sont, sans les vouloir passer au laminoir de Platon ou de La Rochefoucauld. Il savait bien que le moraliste qui a dit : « toutes les femmes sont la même, » n'avait connu qu'une femme. Toutes les femmes sont la même pour trahir, mais non pour se laisser prendre.

Cependant, le coupé du duc avait passé la grille et arrivait devant le perron ; un valet de chambre se présenta à la portière.

— Monsieur le duc est attendu, murmura-t-il à mi-voix.

— Ah ! diable, pensa le duc, j'avais oublié.

—Madame, dit-il à Jeanne en lui offrant la main pour descendre, il paraît qu'il y a chez moi un conciliabule politique. Je vous demande cinq minutes pour mettre tout le monde d'accord. Je vais vous conduire dans le petit salon.

Le valet de chambre se pencha à l'oreille du duc.

— Mais, monsieur le duc, il y a une de ces dames dans le petit salon : Mme Fleuriot.

Le duc se rappela qu'il avait promis de prendre le thé avec celle que nous connaissons déjà sous le surnom de « Ange sur la Terre » sans avoir décommandé Mlle Fleur du Mal, qui venait çà et là fumer une cigarette de tabac d'Espagne.

— J'ai tout deviné, dit Mlle d'Armaillac, vous m'avez offert une tasse de thé sous prétexte de me montrer vos richesses ; mais il paraît que la place est prise, je m'en vais.

Et Jeanne voulut remonter dans le coupé.

Mais comme le duc la retenait :

— Non, dit-elle, en reprenant son air impérieux ; mettez vos femmes à la porte, vous dis-je, ou je m'en vais.

— Vous avez raison ; je vais vous entrer un instant dans le fumoir pour congédier ces dames.

— Ah ! elles sont deux, trois, quatre.

— Non pas quatre, mais deux.

Mlle d'Armaillac prit un ton déclamatoire.

— Des femmes du monde !

— Comment donc, mieux que cela : l'une a été surnommée un Ange sur la Terre, l'autre Mlle Fleur du Mal.

— Oh ! la bonne fortune pour moi, s'écria Jeanne. Écoutez, mon cher duc, faites-moi cette faveur inespérée de me faire prendre le thé avec ces deux dames.

— Vous voulez rire !

— Je ne ris pas du tout : vous direz que je suis une étrangère qui ne sait rien de Paris. Nous allons bien nous amuser.

— C'est de la folie, mais, après tout, un grain de folie, c'est le sel de la sagesse.

IV.

OU L'ON VOIT REPARAITRE UN ANGE
SUR LA TERRE.

ON était dans l'antichambre, le duc donna l'ordre de servir le thé dans le petit salon.

— Avec des cigarettes, dit Jeanne ; si on me voit fumer, on me prendra pour une grande dame russe.

On sait que Mme Charles Fleuriot était déjà dans le petit salon. Fleur du Mal sommeillait dans la chambre à coucher.

Marie Leblanc ne sommeillait pas, elle lisait la *Paysanne pervertie* de Restif de la Bretonne, ce fut à peine si elle ferma le livre quand le duc ouvrit la porte et pria Jeanne d'entrer.

— Madame, dit-il à la veuve du commandant Fleuriot, je vous annonce une princesse anonyme, égarée dans l'avenue de l'Impératrice.

Par un coup d'œil rapide, Marie Leblanc dévisagea Mlle d'Armaillac; elle la trouva si belle qu'elle se leva involontairement comme un point d'admiration.

— Mon cher duc, dit-elle au grand d'Espagne, vous savez que j'ai failli attendre.

— Il parait que vous étiez en bonne compagnie, dit le duc en regardant le livre ouvert.

Et se tournant vers Jeanne :

— Madame, il n'y a rien ici que des femmes anonymes. Celle-ci, qui a failli attendre, est une jeune veuve qui vient pleurer ici son mari. Elle a été si peu mariée, d'ailleurs, qu'on dirait encore une jeune fille.

En effet, Marie Leblanc avait conservé toute la candeur de sa figure séraphique.

— N'est-ce pas qu'on lui donnerait le bon Dieu sans confession?

— Pourquoi raillez-vous ? dit Marie Leblanc.

Elle se servit du livre qu'elle lisait comme d'un éventail.

— J'avoue, reprit-elle, que je serais bien embarrassée dans un confessionnal ; hormis le péché de venir ici, je ne m'en connais pas d'autre.

— Eh bien, comme contraste, je vais vous présenter Mlle Fleur du Mal. A celle-là, par exemple, on ne donnerait pas le diable sans confession.

Le duc ordonna de faire descendre Mlle Fleur du Mal.

Jeanne était ravie de la beauté ingénue de Marie Leblanc.

— C'est fabuleux, se disait-elle, qu'une femme qui se trouve ici à quatre heures du matin, garde ainsi dans son expression toute la sérénité de la vertu. Le monde est une mascarade. Mais quelle est donc cette femme ?

Mme Charles Fleuriot était toujours la charmante et abominable créature que nous avons peinte au commencement de ce récit ; rien n'était changé en elle, ni dans son cœur ni sur sa figure : c'était la trahison à la hauteur du sacerdoce. Toujours inconsciente, elle souriait de tout, pourvu que sa robe fût bien faite ou bien défaite.

Naturellement elle n'avait pas pleuré son mari, ce vaillant soldat qu'elle avait tué sous le chagrin.

Il ne lui avait pas fallu longtemps pour manger les quatre sous de la succession. Ce qui lui était revenu de la fortune de la mère avait à peine payé son deuil : il est vrai que c'était un beau deuil. Elle avait d'ailleurs bien fait les choses : le commandant avait eu un enterrement de 5ᵉ classe et une concession de cinq ans au cimetière du Montparnasse. On s'étonna qu'elle eût choisi ce cimetière. « C'est bien simple, dit-elle ingénument, je ne vais jamais sur la rive gauche. » Depuis l'enterrement elle avait vécu des hasards de l'amour et des bénéfices de la trahison, car elle trompait ses amants comme elle trompait son mari, se disant que tout ce qui était beau était à tout le monde, le soleil, les bois, l'opéra, les fleurs. C'était une épicurienne sans le savoir, une expansive par tempérament.

A ce métier-là elle n'avait pas encore fait fortune, mais elle était si jeune ! à peine vingt-quatre ans : on sait qu'à Paris les femmes ne deviennent riches que quand elles sont mûres.

V.

FLEUR DU MAL.

MADEMOISELLE Fleur du Mal fit son entrée. Celle-ci, par exemple, si elle ne traînait pas à ses trousses les sept péchés capitaux, elle était marquée de tous les vices sur la figure. Elle ne manquait pas de beauté, mais sa beauté faisait peur : des cheveux rebelles, un front bossué, des yeux sans voile, des joues de marbre, des narines passionnées, des lèvres lippues, des dents blanches mais en discorde, un menton aigu ; mais des épaules, de la gorge, de la désinvolture et tous les signes de la beauté du diable.

Et pourtant, s'il avait fallu à tout prix trouver une rosière en ces deux femmes qui attendaient ce soir-là le duc d'Obanos, ce n'est pas un Ange sur la Terre qu'il eût fallu prendre, c'était Fleur du Mal.

La nature s'amuse à mettre ainsi des masques pour tromper les philosophes et jeter des énigmes aux moralistes. Certes Mlle Fleur du Mal avait bien mérité son nom, mais dans ce fumier il y avait encore plus d'une perle, ou plutôt des fleurs sans tache poussaient sur ce fumier.

Mlle d'Armaillac ne savait d'abord quelle figure faire dans ce monde si nouveau pour elle, mais bientôt elle ne sembla pas plus embarrassée que si elle fût au spectacle ; aussi gardait-elle le silence, convaincue que le duc allait lui donner la comédie, en disant des folies avec ses deux femmes. Mais, quoique le grand d'Espagne eût beaucoup de brillant, Fleur du Mal et un Ange sur la Terre ne lui répondaient guère que par monosyllabes. Mlle d'Armaillac jetait un froid à ce rendez-vous, sans compter que les deux femmes n'étaient pas enchantées de se trouver ensemble, Mlle Fleur du Mal par jalousie, et un Ange sur la Terre par dignité. Aussi, quand on servit le thé, personne n'en voulut.

Le duc d'Obanos, qui ne savait trop comment

se tirer de là gaiement, dit, en voyant Mlle Fleur du Mal fumer une cigarette avec une grâce exquise, qu'il allait conter un conte.

— Madame, dit-il, je vais vous conter une histoire d'une fille à la mode, une fumeuse dont je ne dirai pas le nom. Si vous le voulez bien elle s'appellera Fleurette dans mon récit.

Mlle Fleur du Mal regarda fixement le duc d'Obanos, comme s'il allait jeter des pierres dans son jardin. Mais il ne s'arrêta pas sous ce regard et parla ainsi :

« Mlle Fleurette a été mise au monde pour
« faire le bonheur des hommes. Est-ce pour cela
« qu'elle passe pour porter malheur. Les uns
« disent qu'elle a le mauvais œil, moi je dis
« qu'elle a deux beaux yeux. Ce ne sont point
« des yeux de rosière, mais tout le monde ne
« joue pas ici-bas le rôle des anges. »

Le duc regarda Marie Leblanc avec une pointe d'impertinence émoussée par un sourire.

Il continua :

« Mlle Fleurette a fait des siennes à Paris et à
« Monaco, je crois même qu'elle a passé la
« Manche avec un prince pour la repasser avec
« un autre. Elle est d'ailleurs bonne aux simples

« bourgeois comme aux princes ; pourvu qu'on
« ait un porte-monnaie, on peut passer la
« Manche avec elle. C'est un estomac d'en-
« fer, elle croque les fortunes et les soupers
« comme une autre croque une praline. »

Mlle Fleur du Mal interrompit le duc d'Obanos.

— Mon cher duc, je ne suis pas si bête que
vous en avez l'air. Je vous vois bien venir : vous
voulez compter une de mes frasques, car Fleurette n'est autre que Fleur du Mal.

— Eh bien oui, dit le duc, laissez-moi parler,
car cette histoire ne vous fera pas tort dans l'esprit de l'auditoire.

— O mon Dieu, vous pouvez parler, que n'a-t-
on pas dit de moi? Je n'en suis ni pire ni
meilleure.

Le duc continua :

« Je ne vous surprendrai pas en vous disant
« que Mlle Fleur du Mal trompe tous ses amants
« pour ne pas faire de jaloux. Elle les trompe
« par méditation ou au pied levé, parce que c'est
« son art comme sa nature. Quand elle n'est pas
« chez elle, aucun de ces messieurs ne doute
« qu'elle ne soit en train de faire de nouveaux
« ravages ici ou là. Eh bien ! je vais vous éton-

« ner en vous disant que tous les jours, après
« son déjeuner, elle disparaît de chez elle pen-
« dant deux heures, pour ne tromper personne.

« Si vous êtes bien curieuses, je vais vous initier
« à ce mystère. Vêtue tout simplement, comme
« une femme du monde qui va à la messe, elle
« descend de chez elle, elle prend la rue à droite,
« puis la rue à gauche qui est une rue d'ouvriers;
« elle monte quatre étages sans respirer une
« seule fois; tandis que, pour monter chez elle,
« à son quatrième étage, elle prend son temps
« sur chaque palier, tout en disant : Dieu! que
« c'est haut! — C'est une injure adressée à ces
« messieurs de la commandite. Quand elle a
« monté les quatre étages de cette maison mys-
« térieuse, elle sonne toute haletante. On ouvre.
« Son premier mot est celui-ci :

« — Il va bien?

« — Oui, madame, — ou — : Non, madame.

« Elle se précipite et se jette au-devant de *lui*.
« Pourquoi habite-t-il cette vieille maison, toute
« noire et toute refrognée ; mais il paraît qu'on
« n'y est pas mal; les fenêtres s'ouvrent sur un
« jardin planté de vieux arbres qui secouent un
« air vivifiant.

« Cependant, elle l'a embrassé trois ou quatre
« fois. Et quels baisers ! sur les cheveux, sur les
« yeux, sur les mains. C'est un affolement. Et
« lui, dans la joie de son cœur, il se laisse em-
« brasser, tout en regardant d'un œil curieux.

« — O mon René! que je m'ennuyais de ne
« pas te voir!

« — Et moi donc! dit René, qui compte tou-
« jours sur le rendez-vous.

« Et il tend les bras à son tour! Et il em-
« brasse de toutes ses forces.

« Ce René est donc l'amant le plus aimé?
« c'est donc une passion du cœur que cache à
« tous les yeux Mlle Fleur du Mal? c'est donc
« un amour profond qui est son refuge et sa
« consolation, au milieu de ses aventures ga-
« lantes?

« Non, René, c'est un petit garçon de deux
« ans; c'est son fils, un enfant de M. tout le
« monde.

« Elle ne sait pas même s'il a un père. Que
« lui importe, puisqu'elle est sa mère et qu'elle
« l'aime pour deux, et pour quatre, et pour
« mille? Il est joli, ce René, car je l'ai vu; il
« est blanc, il est rose comme tous les enfants;

« mais il a déjà un petit air malin et dégagé
« qui annonce un enfant de race. Après tout,
« Mlle Fleur du Mal ne voit que du beau monde.

« L'enfant est encore avec sa nourrice ; il ne
« tète plus, Dieu merci ! mais on voit qu'il a bien
« tété ; aussi, pour lui c'est une mère. Quand
« l'autre n'est pas là, il n'a pas le temps de
« s'ennuyer. Ce petit appartement n'est pas
« riche, mais c'est tout un musée de jouets d'en-
« fants : des charrettes, des chevaux de bois,
« des soldats de plomb, vous voyez cela d'ici.
« On ne peut pas faire un pas sans déranger ces
« soldats pacifiques ; prenez garde, il y a des
« canons ; si les canons ne font pas de bruit,
« il a des oiseaux qui chantent et qui parlent,
« un chien qui aboie, un mouton qui bêle, oui,
« un mouton, un vrai mouton à laine frisée, avec
« un collier d'ambre et des nœuds roses ; le
« mouton a sa bergerie dans le jardin, mais,
« trois ou quatre fois par jour, il monte dans
« l'appartement. Quand l'enfant va bien, ce n'est
« que joie et liesse ; mais s'il est malade, il faut
« voir comme la mère le veille et lui prend sa
« fièvre : c'est la louve avec ses petits ; elle est
« alors d'une beauté sublime ; l'inquiétude, l'an-

« goisse, le désespoir lui font les yeux plus
« grands et plus noirs. Cette femme, qui ne sait
« rien de la religion, se jette à genoux et prie
« Dieu tout haut, avec l'éloquence des femmes
« corses. Et alors comme elle va faire brûler
« des cierges à Notre-Dame des Victoires!

« Ah! ces soirs-là elle dit à tout le monde
« qu'elle dîne chez sa mère; on ne la voit pas
« aux soupers de la maison d'Or et du café
« Anglais. On a beau sonner chez elle à triple
« carillon, elle ne rentre pas; on lui écrit, elle
« ne répond pas; il n'y a plus rien sur la terre
« que son René; elle donnerait ses trente-six
« amants non-seulement pour le sauver, mais
« pour qu'il ne souffre pas d'une rage de dents;
« elle ne comprend plus rien à ses folies de la
« veille, elle ne peut pas croire à ses folies du
« lendemain; c'est une mère dans toutes les su-
« blimités maternelles. Et si, après avoir veillé
« une nuit, deux nuits, trois nuits, l'enfant se
« réveille à la vie par un sourire pour elle, elle
« vous dira que tout l'or du monde ne vaut pas
« ce sourire.

« Voilà pourquoi Mlle Fleur du Mal pour-
« rait, à certaines heures, s'appeler Fleur du

« Bien; ce qu'elle cache dans sa vie c'est ce
« qu'elle fait de beau. Mais chut! ne parlons pas
« trop haut, car cela lui ferait du tort dans son
« monde; comme elle dit elle-même, ça jetterait
« un froid.

« Ces messieurs n'aiment pas les mères de
« famille, ils savent très-bien qu'une mère de
« famille n'est plus une maîtresse; elles ont
« encore toutes les perversités de la vie vo-
« luptueuse, mais elles n'ont plus l'abandon,
« ni l'insouciance, ni le diable au corps des
« courtisanes qui ne reconnaissent ni leur mère,
« ni leur enfant. »

Mlle Fleur du Mal n'avait plus interrompu le conteur, parce qu'elle pleurait.

« Un Ange sur la Terre » n'avait pas daigné s'amuser à cette histoire. Quel que fût le lieu où elle se trouvait, elle ne voyait qu'elle et ne pensait qu'à elle : le livre de sa vie c'était toute sa bibliothèque, le roman de son cœur, c'était l'histoire universelle.

Aussi s'étonna-t-elle beaucoup de voir pleurer Fleur du Mal.

Mlle d'Armaillac comprit bien ces larmes de mère. Elle s'approcha un peu plus de Fleur du

Mal et causa avec elle, comme elle eût causé dans un salon avec une femme du monde.

Les accents de la passion touchent toujours d'où qu'ils viennent. Cette fille, qui portait gaiement un effroyable surnom, avait couru toutes les stations de la courtisane, sans arracher de son cœur cette fleur du bien qui se nomme un premier amour.

En effet, qu'est-ce qu'un premier amour? sinon une fenêtre ouverte sur le ciel, sur l'infini, sur Dieu; c'est l'initiation au mystère de l'âme.

Tout en babillant avec Fleur du Mal, Mlle d'Armaillac trouvait qu'il n'y avait pas là seulement une vraie fille, mais une vraie femme. L'intelligence lui était venue avec l'amour; elle ne posait pas pour le repentir; elle avait horreur des phrases sentimentales; elle se donnait pour plus mauvaise qu'elle n'était.

— Nous nous reverrons, lui dit Mlle d'Armaillac en se levant et en lui donnant la main.

Et se tournant vers le duc :

— Vous savez que je ne veux pas voir lever l'aurore ici; faites-moi reconduire.

VI.

LE MUSÉE DES TENTATIONS.

Le duc d'Obanos ne voulut pas laisser partir Mlle d'Armaillac sans lui faire traverser les salons et les chambres de son hôtel. C'était le Vatican aux flambeaux. Le duc donnait un peu dans le théâtral; il n'était pas fier de sa fortune, mais il était fier de ce petit palais où il avait amassé pour trois ou quatre millions de marbres, de bronzes et de meubles rarissimes.

— Pourquoi me faites-vous voir tout cela? lui demanda Mlle d'Armaillac. Est-ce que vous voulez me prendre à vos piéges dorés? Songez donc que si je suis venue ici, c'est parce que je n'ai pas peur de vous.

— Non, ce n'est pas pour cela, mais toutes ces belles choses s'ennuieraient si on ne les regardait pas. Quand j'ai la bonne fortune de rencontrer une femme de haut goût, je la promène ici — si elle est belle — pour être agréable à mes antiques.

Jeanne admirait en passant, mais passait vite en disant : — Vous savez que ces dames vous attendent.

Elle allait redescendre l'escalier quand le duc la retint par ce mot :

— Nous avons oublié les bijoux.

Devant ce mot, une femme n'est jamais maîtresse d'elle-même, aussi Mlle d'Armaillac retourna-t-elle sur ses pas vers un petit cabinet près de la chambre à coucher du Grand d'Espagne.

— Voyez, dit le duc d'Obanos, comme j'ai bien habillé ce cabinet introuvable.

La pièce était tendue de damas rouge pourpre qui rehaussait encore l'éclat des bijoux épars dans trois armoires en bois noir d'un dessin sévère. Une quatrième armoire renfermait les décorations du duc : la Toison d'or et les menus hochets de la vanité.

Mlle d'Armaillac s'arrêta d'abord devant cette armoire.

— Avouez, dit-elle au duc, que vous êtes bien plus femmes que nous, vous autres hommes. Toutes ces croix ne sont que des prétextes à vous habiller mieux.

— Aussi les appelons-nous des décorations. Vous faites l'esprit fort, mademoiselle, mais si je vous donnais à choisir entre une commanderie à vous mettre au cou et une rivière de diamants, que choisiriez-vous?

Le duc entraînait Mlle d'Armaillac vers l'armoire aux diamants, mais elle s'arrêta devant l'armoire aux perles.

— Ce que je choisirais, dites-vous? Ce serait ce collier de perles à cinq rangs.

— Vous aimez mieux les perles que les diamants?

— Mille fois mieux. Songez donc que les perles, si j'en crois la légende, sont tombées toutes vivantes du sein de Vénus. Ce sont des filles de la mer qui ne demandent qu'à vivre sur le cou ou sur le bras des femmes.

Le duc ouvrit l'armoire aux perles.

— Oui, oui, dit-il en prenant le collier, ces

filles de la mer seraient bien heureuses, les gourmandes qu'elles sont, de vivre sur votre sein. Comme elles deviendraient belles, si vous les nourrissiez de votre chair de pêche !

Disant ces mots, le grand d'Espagne passa le collier au cou de Mlle d'Armaillac. On n'a pas oublié qu'elle était décolletée, puisqu'elle venait du bal de la princesse***. Le duc dégrafa la pelisse pour que les perles prissent leur place en toute liberté.

— Voyez, reprit-il, on dirait que ces perles sont déjà heureuses d'être à un si beau festin.

— Chut, dit Jeanne en ramenant sa pelisse, je ne suis pas ici au bal, je suis chez vous.

— Les femmes sont adorablement illogiques, elles vont au bal à moitié nues, sans s'émouvoir et sans rougir, mais elles ne veulent pas montrer un petit coin d'elles-mêmes quand elles sont en tête-à-tête.

— Que voulez-vous, les femmes au bal ce sont des statues dans des jardins publics.

Mlle d'Armaillac s'était mise une seconde fois devant la psyché pour voir si elle était belle avec des perles.

— Oui, oui, dit-elle, les perles me vont bien ; comme c'est doux à porter !

— C'est doux et chaste. Une femme sans perles est trop décolletée.

— Vous avez peut-être raison, aussi je vous emporte ce collier pour jusqu'à demain.

— Oui, dit le duc avec empressement, faites-nous cette grâce, à moi et à mes perles ; dormez cette nuit avec elles : elles seront bien plus belles quand vous me les rapporterez.

Le duc avait pris la main de M{ll}{e} d'Armaillac, tout en se penchant pour l'embrasser sur les cheveux.

— Un baiser pour chaque perle, dit-il.

— Rien que cela, mais songez donc que nous ne pourrions pas compter. Vous êtes bien gourmand, mon cher duc ! Et si je vous prenais au mot ?

— Prenez-moi au mot.

Et, souriant : — Je ne vous prendrai pas à la gorge pour reprendre mes perles.

— Rassurez-vous, demain je me risquerai une seconde fois ici pour vous les rapporter, mais seulement à minuit, après avoir émerveillé tout le monde à l'Opéra.

— Ne faites pas cette folie, les jalouses jaseraient sur vous.

— Allons donc ! elles diront que j'ai des perles fausses, c'est ce qui m'amusera.

Le duc avait embrassé Mlle d'Armaillac. Elle s'indigna à demi et lui dit :

— Voilà qui est bien mal, vous ne me connaissez donc pas ?

— Voyons, voyons, ma belle effarouchée, j'ai à peine touché aux cheveux. Je croyais que c'était déjà convenu, une perle par baiser.

Jeanne sourit.

— Alors, j'ai déjà une part du collier.

— Oui, certes, et sachez bien que mon plus grand chagrin sera de le reprendre, car vous me prenez mon cœur et mon collier, et en me rendant mon collier vous ne me rendrez pas mon cœur.

— Des phrases, des phrases, dit Jeanne en gagnant la porte.

Le duc la conduisit à sa voiture ; en lui prenant la main devant le marchepied, il y appuya ses lèvres.

— Prenez garde, lui dit-elle, cela fait deux perles.

— Oui, oui, dit le duc en remontant le perron, mais il n'y a que la dernière perle qui coûte.

VII.

LE COLLIER DE PERLES.

Il était cinq heures et demie du matin quand Mlle d'Armaillac rentra chez elle. Sa mère dormait sans inquiétude ; elle ne doutait pas que Jeanne ne fût désormais en garde contre les amoureux. D'ailleurs, Mme de Tramont lui avait dit que Jeanne coucherait chez elle si le cotillon se dansait trop tard.

Naturellement, Mlle d'Armaillac ne réveilla pas sa mère pour lui dire qu'il était cinq heures et demie.

A six heures, elle n'était pas encore couchée.

C'était sans doute un charmant spectacle de la voir demi-nue devant une armoire à glace de Boule, se mirant et s'admirant dans son collier! Habillée ou déshabillée elle ne s'était jamais trouvée si belle. Les jeunes filles de vingt ans ne sont pas encore, pour la plupart, dans l'épanouissement de leur jeunesse; les bras sont trop maigres et les mains sont trop rouges; les épaules ne sont pas nourries de chair comme à quelques années de là. Mais Mlle d'Armaillac était du petit nombre des jeunes filles qui sont entrées dans la luxuriance de leur beauté.

Aussi, au point de vue de l'art comme au point de vue de l'amour, ce devait être un régal des dieux de voir cette belle fille, de face, de profil, de trois quarts et de dos, comme elle se voyait elle-même par les réflexions de la glace de son armoire et de la glace de la cheminée. Elle avait des mouvements adorables pour changer le tableau, tantôt renversant la tête d'un air provoquant, tantôt la penchant d'un air rêveur. Elle prenait toutes les attitudes de la grâce pudique et de la grâce désinvoltée. Elle n'avait gardé sur elle qu'une chemise de batiste, un nuage transparent qui passe doucement sur le ciel; Et encore le nœud de ruban qui retenait la chemise était-il dénoué, si bien qu'un des seins apparaissait dans toute sa fierté radieuse, comme le sein de Diane apparut à Endymion au-dessus de la feuillée où elle se cachait.

Jeanne faisait çà et là quelques pas, traînant d'adorables petites pantoufles, plus petites que ses pieds, car je l'ai dit, le seul défaut de ce chef-d'œuvre qui s'appelait Mlle d'Armaillac, c'était des pieds et des mains qui dépassaient la mesure de quelques millimètres. Mais comme le contour, la finesse, la fierté de la jambe, le dessin élégant et arrondi du bras rachetaient ce défaut imperceptible! Or, ce n'était ni à sa beauté ni à ses beautés que s'arrêtait le regard de Mlle d'Armaillac : les trois cents perles du collier étaient trois cents yeux qui la fascinaient; les diamants jettent des feux et éblouissent, les perles ont la douceur voluptueuse des yeux bleus; le regard est moins vif, mais il est plus doux. Non-seulement Mlle d'Armaillac était prise par les yeux, mais elle était prise par la gorge et par le cou. Le collier l'enlaçait et l'étreignait.

Comme elle avait beaucoup d'imagination, elle ne douta pas que la légende ne fût vraie; les perles vivent, mais elles ne vivent que sur un sein jeune et beau. Il faut qu'un sang généreux bleuisse ces veines de marbre rosé. Jeanne sentit que les perles du duc d'Obanos étaient déjà heureuses à son cou; elle les prit doucement dans sa main et les baisa.

— O mes chères perles, comme je vous aime et comme vous m'aimerez!

Mais un nuage passa sur le front de Mlle d'Armaillac.

— Hélas! dit-elle, ces perles ne sont pas à moi : elles me coûteraient si cher, que je n'aurais jamais le courage de les payer.

Mais, après un instant de réflexion, elle se demanda si elle aurait jamais le courage de les rendre.

Il y a de la féerie dans les bijoux. Un philosophe a parlé de la malice des choses, celui qui parlera de l'âme des choses ne sera ni plus ni moins philosophe. Un livre aimé n'a-t-il pas une âme comme une maison, comme un portrait? Tentez de prouver à une jeune fille que les diamants, les rubis, les émeraudes, les opales, les turquoises, les topazes n'ont pas aussi une âme, comme naguère leur poupée. Elles baisent ces pierres précieuses comme si elles étaient vivantes ; au retour du bal, elles les couchent bien douillettement dans leur écrin, comme dans un berceau. Mais les perles, c'est bien mieux encore, elles ne les couchent pas, elles se couchent avec elles ; c'est le même sommeil, les mêmes agitations, les mêmes rêves, les mêmes tressaillements.

Mlle d'Armaillac se coucha avec ses perles, je me trompe, avec les perles du duc d'Obanos.

Elle dormit jusqu'à onze heures dans tous les enivrements du rêve.

En s'éveillant, elle baisa les perles.

— Par malheur, dit-elle, ce soir je ne les aurai plus !

VIII.

LE MIROIR AUX ALOUETTES.

Ce jour-là, le duc d'Obanos écrivit un joli billet à Mlle d'Armaillac pour lui dire des douceurs et pour faire acte de haute galanterie, car il cacheta le billet avec une couronne de diamants.

Il y avait là sept diamants qui lui avaient coûté vingt-cinq mille francs.

Mlle d'Armaillac trouva cela d'un joli goût, mais elle voulut lui prouver qu'elle ne se payait pas de cette monnaie-là.

Elle lui répondit :

« Mon cher duc, vous êtes du dernier ga-
« lant, mais pour vous prouver que j'aime

« mieux les diamants de votre style que ceux
« de votre écrin, j'ai broyé moi-même les sept
« pierres que vous avez jetées dans mon jardin
« et je vous les renvoie dans ce billet. Vous ne
« direz pas que je n'ai pas de l'encre de la
« grande vertu.

« A ce soir! Je vous serre la main sans ran-
« cune.

« JEANNE. »

En effet, ces onze lignes étaient éblouissantes : Mlle d'Armaillac avait séché l'encre sous la poussière des diamants.

Le duc mit la lettre dans un écrin après avoir écrit sur le revers : « *Vingt-cinq mille francs de poussière.* »

Il pensa que Jeanne était une femme digne de lui.

— Il y a là, dit-il, un tempérament de reine — de la main gauche. — Mais si elle continue, tous mes bijoux y passeront — avant elle.

Il se promit de mieux jouer de son miroir aux alouettes.

IX.

HISTOIRE D'UNE INNOCENCE.

Le soir, quand Mlle d'Armaillac vint à onze heures et demie, selon sa promesse, chez le duc d'Obanos, il n'était pas encore rentré. Mais une femme de chambre, toute mystérieuse par son silence de statue, vint la prendre à sa voiture pour la conduire dans le petit salon. Ce petit salon, qu'elle connaissait déjà bien, pouvait s'appeler le salon des femmes, non pas seulement parce qu'on y respirait une vague odeur de poudre de riz, mais parce qu'il y avait une psyché, des jardinières, des bouquets, *la Vie parisienne* et tous les journaux féminins. Jeanne se promena, regarda les fleurs et se regarda elle-même.

Elle entendit ouvrir une porte.

— Ah! c'est le duc, dit-elle; il a raison de ne pas me faire attendre, car j'allais m'en aller.

Ce n'était pas le duc, c'était une jeune fille, qui entra toute pâle dans le petit salon, en regardant Mlle d'Armaillac d'un air effaré.

— Pardonnez-moi, dit-elle en s'inclinant; je me suis trompée de porte, sans doute, car je viens pour M. le duc.

Jeanne avait remarqué que la jeune fille était fort jolie; c'était la nature sans l'art, seize ans à peine, des cheveux brunissants, des yeux d'outre-mer, un profil raphaëlesque, une expression d'ingénue qui n'a pas appris l'innocence au Conservatoire; ni petite ni grande, vêtue comme une modiste; ce qu'elle avait sur elle avait bien coûté 90 francs; pas trop mal coiffée, pas trop mal chaussée; la lèvre supérieure, légèrement relevée, semblait une coquetterie de la nature, puisqu'elle découvrait d'admirables dents sous un sourire commencé.

Il ne fallut pas beaucoup de temps à Mlle d'Armaillac pour deviner ce que cette jeune fille venait faire à une pareille heure chez le duc d'Obanos. Quand un riche étranger est à Paris depuis peu de temps, et même depuis longtemps, la grande ville se fait sérail pour lui; elle se met en quatre pour lui dépêcher ses plus jolies sultanes ou ses plus jolies odalisques; il n'a que la peine de jeter le mouchoir.

— Pauvre fille! murmura Jeanne, elle a son cœur qui bat comme une comédienne à son premier début.

Elle regarda encore la nouvelle venue, comme pour l'interroger.

— Asseyez-vous, mademoiselle; le duc ne tardera pas à venir. Vous pensiez le trouver ici?

— Oui, madame, ma tante m'a dit que le duc m'attendrait ce soir à onze heures.

Après un silence, Jeanne risqua encore une seconde question.

— Votre tante s'est peut-être trompée? n'était-ce pas à onze heures du matin plutôt qu'à onze heures du soir ?

— Oh non, madame, mais si madame est attendue elle-même, je m'en irai et je reviendrai demain.

— Non, je ne suis pas attendue; je ne tiendrai le duc que pendant cinq minutes, après quoi il sera tout à vous. Mais vous êtes bien jolie pour rester en tête-à-tête avec lui entre onze heures et minuit : vous n'avez pas peur?

Jeanne s'étonnait d'oser faire de pareilles questions.

La jeune fille leva les yeux sur Mlle d'Armaillac comme pour lui demander de quel droit elle l'interrogeait ainsi, mais elle subit la volonté de Jeanne et répondit doucement :

— Non, je n'ai pas peur.

Et d'une voix étouffée : — Mais je ne viens pas pour m'amuser.

— Cela se voit tout de suite, mademoiselle. Vous connaissez le duc depuis longtemps?

— Je ne le connais pas du tout, mais il m'a vue chez une dame de ses amies où je portais un jour un chapeau.

— Il veut donc se faire coiffer par vous ?

La jeune fille rougit.

— Je ne veux pas vous offenser, mademoiselle.

— Vous avez raison, madame, car je ne suis pas ce que vous croyez; aussi il ne faut pas m'en vouloir, car je ne viens ici qu'à mon corps défendant.

— Moi, vous en vouloir ! je vous trouve charmante et je me sens pour vous une vive sympathie.

La modiste sembla remercier Jeanne d'un regard reconnaissant.

— Voyez-vous, madame, la pauvreté est une mauvaise école. Ce n'est pas pour moi que je parle, car il ne faut pas tous les biens du monde pour vivre. Dieu merci, je gagne mon pain; ma maîtresse me donne trente francs par mois. Avec cela, je suis mal nourrie et mal logée, mais c'est égal, il y en a qui n'en ont pas tant et qui ne demandent pas la charité.

— Le duc est un brave cœur.

— Oui, c'est ce qu'on m'a dit; voilà pourquoi je suis venue.

— Vous êtes venue toute seule?

— Ma tante m'a conduite; elle m'attend dans un fiacre.

— Qu'est-ce que votre tante?

— C'est la sœur de ma mère.

— Je n'en doute pas.

— Ce n'est pas cela que je voulais dire : je suis descendue chez ma tante à Paris; ma mère nous a écrit qu'elle était sur la paille; on a vendu ses meubles, on menace de vendre sa petite maison, parce qu'elle a signé pour mon frère, qui est un mauvais sujet.

— Ah oui, je comprends : c'est le duc qui sauvera la maison de votre mère.

Sans le vouloir, sans doute, la modiste joua sur les mots.

— Oui, la maison sera sauvée, mais moi, je serai perdue.

— Ah si j'étais riche ! pensa Jeanne.

Elle demanda à la jeune fille ce qu'il fallait pour payer les créanciers de son frère.

— Ma mère était folle, madame. Figurez-vous qu'elle a signé pour onze mille francs de billets.

— Et vous espérez que le duc va vous donner ces onze mille francs?

— Non pas onze mille, mais dix mille.

Et la modiste ajouta à mi-voix :

— Voilà de l'argent qui me coûtera cher.

Mlle d'Armaillac entendit.

— Qui sait? pensa-t-elle, cette pauvre fille, qui vient ici en sacrifice, n'a peut-être pas encore eu d'amants?

— Elle se rapprocha d'elle et lui parla de son art de faire les chapeaux. Elle lui promit sa pratique. Elle lui dit qu'il fallait que le duc lui donnât vingt mille francs, dix mille francs pour sa mère et dix mille francs pour elle-même, afin qu'elle pût s'établir modiste.

—Oui, dit la jeune fille, quoique ce ne soit pas un si bon métier que cela. Voyez-vous, madame, dans les chapeaux, comme dans les robes, il n'y a plus que trois ou quatre maisons qui tiennent bon ; par exemple, celles-là font tous les jours des mille et des cents.

A cet instant le duc s'annonça par le roulement de son coupé dans la cour de l'hôtel.

— O mon Dieu! je suis sûre que c'est M. le duc, reprit la modiste.

Son cœur battait plus fort, sa figure était plus blanche. Beaucoup d'autres, à sa place, eussent été ravies de venir tenter la fortune dans ce merveilleux hôtel, avec un grand d'Espagne familier à toutes les prodigalités. Mais Jeanne voyait bien que cette jeune âme ne se laissait prendre ni au luxe ni à la curiosité ; ce n'était pas encore une fille d'Ève, elle n'avait pas franchi le cercle de la vie de famille pour se risquer au premier cercle de la vie amoureuse.

X.

MADEMOISELLE AUBÉPINE.

Jeanne alla au-devant du duc.

— Mon cher ami, lui dit-elle, on ne peut pas venir chez vous sans coudoyer des femmes. Il y a là, dans le petit salon, une très-jolie fille qui vous attend.

— Ah! oui, une petite modiste, dit le duc qui n'avait pas tout à fait oublié. C'est une petite modiste qui s'appelle Aubépine, parce qu'elle est toute blanche et toute printanière.

— N'allez pas si vite, j'ai une grâce à vous demander.

— Accordé, dit le duc étourdiment.

— Vous me jurez que vous allez faire ce que je vous demanderai.

— Oui, si vous ne me demandez pas de vous mettre à la porte.

— Eh bien, mon cher duc, je vous prends au mot; celle que vous allez mettre à la porte, c'est Aubépine.

Le duc parut réfléchir.

— Ce n'est pas de jeu, ma belle amie, à moins, pourtant, que vous ne preniez sa place.

— Oh non! Vous m'avez promis de ne jamais me parler amour.

— Alors, à quoi bon dépeupler mon hôtel? Je vous ai déjà dit que j'avais peur des fantômes la nuit quand j'étais seul.

— Eh bien, sur mon âme et sur la vôtre, je vous jure à mon tour que vous ne toucherez pas à Aubépine.

— Qu'est-ce que cela vous fait?

— O mon Dieu, je ne suis pas jalouse et je ne pense pas à moi en cette affaire; écoutez bien, mon cher duc, vous êtes un galant homme, on vous jette cette fille sur les bras parce que vous lui donnerez 10,000 francs...

— Il paraît que vous êtes bien renseignée.

— Je sais tout; cette fille vient pour se sacrifier à sa mère; donnez les 10,000 francs et ne la prenez pas. Cela vous fera bien plus de plaisir.

Le duc prit la main de Mlle d'Armaillac.

— Vous parlez comme Octave de Parisis : « Il faut payer les femmes pour leurs vertus et non pour leurs vices. »

— C'est votre opinion comme la mienne.

— Le matin toujours, mais le soir je n'ai plus d'opinion, sinon que toutes les femmes sont bonnes à prendre. Et puis il faut que tout le monde vive, même les courtisanes. Demandez aux hommes politiques.

— Demandez à Don Juan.

— Enfin, dit-il, je n'ai qu'une parole. Donnez la liberté à cet oiseau bleu.

On était toujours dans l'antichambre. Le duc arracha une feuille de papier au petit livre où s'inscrivaient ses amis, après quoi il prit une plume et signa un bon de dix mille francs sur M. de Rothschild.

— Tenez, reprit-il en donnant la précieuse feuille de papier à Jeanne, le sacrifice est accompli.

Mlle d'Armaillac se jeta à son cou et l'embrassa.

— Trois perles ! dit le duc.

— Nous parlerons tout à l'heure du collier. Ce que vous venez de faire là est d'un brave homme.

— Oui, dit-il, car cette fille est un chef-d'œuvre de beauté. Mais rassurez-vous, je suis plus virtuose que vous ne pensez. J'aime à courir les steeple-chase. Je ne prends jamais les femmes — qui se donnent. Ce qui me plaît c'est l'imprévu et l'impossible : donc je n'aurais pas pris cette fillette.

— Je vous permets de l'embrasser au passage.

— Non, c'est vous qui l'embrasserez pour moi ; je ne cours jamais après mon argent.

XI.

UN HYMNE A LA VERTU.

EANNE rayonnait! Elle courut au petit salon et embrassa Aubépine avant de lui parler.

— Ma chère enfant, lui dit-elle, j'ai sauvé votre âme, mais jurez-moi que vous viendrez me voir chaque fois que vous serez en péril.

Aubépine ne comprenait pas et ne répondait pas. Mlle d'Armaillac lui remit le bon de dix mille francs.

— Voilà les dix mille francs du duc. Portez-les bien vite à votre mère tout en vous défiant de votre tante.

Aubépine embrassa Jeanne avec une vive effusion :

— Oh! madame, comme je vous aime! Et moi qui avais peur de vous!

— Allez, mon enfant, Dieu vous garde! Venez me voir souvent.

Mlle d'Armaillac conduisit Aubépine au perron en lui disant où elle demeurait.

Le duc salua la vertu qui passait devant lui.

Et quand la porte se fut refermée sur Aubépine :

— C'est étonnant, dit-il, je suis content comme le jour où je ne vais pas au théâtre après avoir loué une loge.

— Voyez-vous, mon cher duc, le devoir est un sacrifice, mais le sacrifice est une joie de l'âme, car c'est un pas de fait vers le ciel.

— Je vous avoue que je ne m'inquiète pas beaucoup de ce pays-là. Ce n'est pas pour moi, c'est pour Aubépine, c'est pour vous que j'ai refréné ma passion.

— Vous êtes un stoïcien. Vous faites le bien pour le bien.

Je suis un philosophe de Sybaris. Je crois que la nature m'a convié à toutes les fêtes...

— Mon cher ami, si vous aviez vu la pâleur et l'émotion d'Aubépine, vous n'auriez pas nié la force de la vertu.

— Mais la vertu, elle est devant moi. Qui donc a plus le droit de s'appeler la vertu que vous-même, ô Jeanne!

Mˡˡᵉ d'Armaillac se détourna pour cacher une larme.

— La vertu que j'ai sauvée, pensa-t-elle amèrement, ce n'est pas la mienne.

Ce fut alors que la femme de chambre apporta sur un plat d'argent la carte de M. Martial de Briançon et celle de Mᵐᵉ Charles Fleuriot.

— A minuit! dit le duc d'Obanos : que me veut cet homme et que me veut cette femme?

Mˡˡᵉ d'Armaillac qui avait vu ces deux cartes devint pâle comme la mort.

FIN DU SECOND VOLUME.

TABLE DU SECOND VOLUME.

LIVRE VII.

LA RÉSURRECTION.

I.	Le réveil d'une mère................	3
II.	La résurrection....................	12
III.	Les deux maîtresses................	23
IV.	De la pluralité des femmes..........	32
V.	Il l'aime, un peu, beaucoup..........	39

LIVRE VIII.

LA CONFESSION DE CAROLINE.

I.	Le dernier mot de l'amour...........	49
II.	Mes confessions...................	54
III.	Où il est question de Phryné........	58
IV.	Le bouquet d'églantines.............	68
V.	L'imprévu et l'inconnu..............	86
VI.	La vie claustrale...................	92

VII.	Qu'est-ce que le bonheur?.	96
VIII.	Mustapha.	101
IX.	L'enfant prodigue.	105
X.	La vierge au linge	112
XI.	Un déjeuner nuptial	117
XII.	La comédie espagnole.	125
XIII.	La coupe empoisonnée.	131
XIV.	La valse infernale	136
XV.	Fantasio.	152
XVI.	L'amour	162
XVII.	La colère du prince.	166
XVIII.	La comédie.	176
XIX.	Les dernières pages.	184
XX.	L'oubli.	191

LIVRE IX.

LE COUP D'ÉVENTAIL.

I.	La femme de cent ans.	205
II.	Rose et Margot.	221
III.	La Revenante	235

LIVRE X.

CES DEMOISELLES.

I.	Le baptême des pécheresses.	254
II.	Mademoiselle Cigarette	259
III.	Histoire d'un amour caché.	261
IV.	Mademoiselle Vas-y-donc!.	272
V.	Les fils de joie	282
VI.	Treize à table.	291
VII.	Le piége à loups ou la dernière pensée de Weber.	298

LIVRE XI.

LES AVENTURES DE JEANNE D'ARMAILLAC.

I.	Menus propos.	317
II.	La comédie des fiacres	329
III.	La tentation	333
IV.	Où l'on voit reparaître un Ange sur la Terre.	340
V.	Fleur du Mal	344
VI.	Le Musée des tentations.	354
VII.	Le collier de perles.	360
VIII.	Le miroir aux alouettes.	365
IX.	Histoire d'une innocence.	367
X.	Mademoiselle Aubépine.	374
XI.	Un hymne à la vertu	378

FIN DE LA TABLE DU SECOND VOLUME.

DE L'IMPRIMERIE EUGÈNE HEUTTE ET Cie, A SAINT GERVAIS.

www.ingramcontent.com/pod-product-compliance
Lightning Source LLC
Chambersburg PA
CBHW060051190426
43201CB00034B/677